Mosaik

Gesunde Küche

TOFU

Die besten Rezepte
mit ausführlicher Warenkunde

Mosaik Verlag

The Food Professionals:

Redaktion: Jutta A. Jacobs

Versuchsküche: Friederun Köhnen,
Vera Sann und Mitarbeiter

Titelfoto: Michael Brauner
(auch Foto Seite 13 und Vignetten)

Layoutkonzeption: Noëlle Thieux

Fotos: Ulrike Breu, Andreas Herf

Foodstyling: Christa Schraa
und Mitarbeiter

Einbandgestaltung: Mascha Blömer

Der Mosaik Verlag ist ein Unternehmen
der Verlagsgruppe Bertelsmann

Satz: Filmsatz Schröter GmbH, München
Reproduktion: Arti Litho, Trento
Druck und Bindung: Alcione, Italien
Printed in Italy · ISBN 3-570-02869-0

INHALT

EINFÜHRUNG UND WARENKUNDE

●

REZEPTTEIL

EINFÜHRUNG UND WARENKUNDE

Die Versorgung der Weltbevölkerung mit hochwertigen Nahrungsmitteln wird immer schwieriger. Nur den Wirtschaftsländern – und somit auch uns – sind Nahrungsengpässe weitgehend fremd. Der Fleisch- und Eiweißkonsum – vor allem in den Wohlstandsstaaten – steigt immer noch weiter an.

Ein Beispiel: Bei uns verzehrt ein »Durchschnittsmensch« an einem einzigen Tag die Menge Fleisch, die einem Inder während eines ganzen Jahres zur Verfügung steht.

Dieser hohe Fleischkonsum hat zur Folge, daß die Viehzucht immer größere Weide- und Anbauflächen für Viehhalter benötigt. Dementsprechend nehmen die Anbauflächen für Getreide oder andere eiweißreiche Nahrungsmittel weiter ab.

Riesige Waldflächen müssen gerodet werden, nur damit der tägliche Fleischbedarf der Weltbevölkerung – vor allem der Wohlstandsgesellschaften – gedeckt werden kann.

DIE SOJABOHNE

Die ostasiatischen Völker, in denen die Überbevölkerung schon immer ein Problem darstellte, haben frühzeitig eine Alternative zu Fleisch als einem der wichtigsten Eiweißlieferanten gefunden – Sojabohnen. Sie sind in China schon seit mehr als zwei Jahrtausenden ein wichtiges Grundnahrungsmittel zur Deckung des Eiweißbedarfs. In China sind die Sojabohnen bereits seit dem Jahre 2838 v. Chr. bekannt. Auch in Japan ist die Sojabohne seit mehr als einem Jahrtausend der wichtigste Bestandteil der Ernährung.

Jedoch hat der Eiweißgehalt der Sojabohnen nicht nur einen quantitativen, sondern auch einen qualitativen Aspekt.

Die Sojabohnenpflanze gehört zur Familie der Hülsenfrüchtler (Leguminosae). Sie wird bis zu 60 cm hoch, die Blätter sind in Dreiergruppen an dem leicht holzigen Stamm angeordnet. Ihre kurzstieligen Hülsen, ebenso die Blätter und Stiele, sind mit feinen, grünlichen Härchen bedeckt und stehen in Dreier- bis Fünfergruppen zusammen. Sie enthalten jeweils zwei bis drei Samen, die Sojabohnen, die frischen Erbsen ähnlich sehen.

Die frischen, grünen Bohnen sind bereits ab Mitte Juli eßbar, die ausgereiften Bohnen werden ab Ende September geerntet. Zu diesem Zeitpunkt sind die Samen an der Pflanze bereits ausgetrocknet.

In Asien wird die Sojabohne geradezu mystifiziert. So sagt eine alte Sage, daß weise und mächtige Herrscher die Sojabohne der Menschheit vor Urzeiten zum Geschenk gemacht haben.

Überhaupt ranken sich eine Vielzahl von Mythen und Legenden um die Sojabohne. Alle spiegeln das Bedürfnis wider, die Pflanze für ihre, den Menschen erwiesenen Wohltaten zu ehren.

Wie lange Sojabohnen schon bekannt sind und woher sie letztlich stammen, scheint nicht ganz geklärt zu sein. Sicher ist, daß sie bereits im 2. Jahrhundert v. Chr. in China in bearbeiteter Form ein wichtiges Nahrungsmittel waren.

Nach Japan kamen die Wunderbohnen vermutlich lange vor dem Entstehen der Schriftzeichen.

Erst im Jahre 1790 wurden Sojabohnen bei uns bekannt, aber anfänglich nur in Botanischen Gärten angepflanzt. 1908 wurden dann auch größere Mengen aus Asien nach Europa importiert, und zwar nach England. Das aus den Sojabohnen gewonnene Öl fand bei der Seifenherstellung Verwendung, das Mehl wurde an Tiere verfüttert. Auch die Amerikaner setzten Sojabohnen fast ausschließlich als Viehfutter ein.

Das änderte sich erst 1935. Ab diesem Zeitpunkt nutzte man Bohnen zur Ölgewinnung ebensoviel wie zur Viehfütterung. Im weitesten Sinne ist das bis heute so geblieben, obwohl sich inzwischen immer mehr Menschen auf Sojabohnen und deren Produkte als Nahrungsmittel besinnen.

DAS SOJA-EIWEISS

Soja-Eiweiß enthält alle zehn lebenswichtigen Aminosäuren in einer Zusammensetzung, die der menschliche Organismus direkt verwerten kann. Das bedeutet, daß der Mensch aus einer halben Tasse Sojabohnen die gleiche Menge Proteine wie aus einem 150-Gramm-Steak bezieht.

Im Gegensatz zu den meisten tierischen Nahrungsmitteln sind in Sojaprodukten kaum unverdauliche, gesättigte Fettsäuren enthalten. Extrem niedrig ist außerdem das Verhältnis von Kalorien zu Proteinen.

Ein sehr wichtiger Faktor, der auch nicht ungenannt bleiben sollte: Sojabohnen und deren Produkte sind billig!

DIE SOJABOHNEN-PRODUKTE

Schon lange vor unserer Zeitrechnung haben sich die Asiaten bemüht, Sojabohnen nicht nur im

Ganzen zu verwenden, sondern auch andere gesunde und leicht verdauliche Produkte herzustellen.

Nach jahrhundertelangem Bemühen kristallisierten sich drei Produkte heraus, die noch heute die Eckpfeiler ostasiatischer Ernährung bilden: Tofu und Miso (fermentierte Sojabohnenpaste) sowie Shoyu (Sojasauce).

Miso und Shoyu sind eiweißreiche Würzmittel, die vor allem Suppen und vielen Gemüsen erst das richtige Aroma und den fernöstlichen Touch geben. Tofu – der weiße Bohnenquark – gewinnt gerade in den letzten Jahren im Rahmen der Vollwertküche und vegetarischen Bewegung immer mehr an Bedeutung. Durch seinen Eiweißreichtum dient er vielen Vegetariern als vollwertiger Ersatz für Fleisch- und Milchprodukte.

In weiten Teilen Asiens gehört Tofu heute noch zur täglichen Nahrung. Seine Vorrangstellung entspricht in etwa der unseres Brotes.

TOFU UND SEINE INHALTSSTOFFE

Noch vor wenigen Jahren als »Müsli-Futter« verlacht und nur in wenigen Bio-Läden erhältlich, bieten heute auch schon viele Kaufhäuser und Supermärkte Tofu an.

100 Gramm Tofu enthalten:

72	Kalorien
84,9	Prozent Feuchtigkeit
7,8	Prozent Protein
4,3	Prozent Fett
2,3	Prozent Kohlenhydrate
0	Prozent Fasern
0,7	Milligramm Asche
146	Milligramm Calzium
6	Milligramm Natrium
105	Milligramm Phosphor
1,7	Milligramm Eisen
0,02	Milligramm Vitamin B1
0,02	Milligramm Vitamin B2
0,5	Milligramm Niazin

Mit Nigari (einem Naturprodukt aus Meersalz) hergestellte fritierte Tofuschnitzel haben z. B. einen Proteingehalt bis zu 17,4 Prozent, enthalten aber nur 58,3 Prozent Wasser.

Tofu ist arm an gesättigten Fettsäuren, cholesterinfrei, nicht säurebindend und daher auch sehr gut für eine Diät geeignet.

So enthält eine durchschnittliche Portion Tofu von ca. 230 Gramm nur 147 Kalorien. Ein vergleichbares Stück Rindfleisch enthält die vier- bis fünffache Menge. Außerdem versorgt diese Menge Tofu den Körper eines Erwachsenen mit 27 Prozent seines täglichen Eiweißbedarfs und schlägt dabei nur mit 5 Gramm Kohlenhydraten zu Buche. Bei einem durchschnittlichen täglichen Kalorienverbrauch von 2200 Kalorien würde diese Menge Tofu sogar weniger als 7,5 Prozent ergeben.

PROTEIN-VERGLEICH

Interessant ist festzustellen, daß die höchsten Proteinanteile nicht in tierischen, sondern in pflanzlichen Produkten enthalten sind:

Gefriergetrockneter Tofu
= 53 Prozent
Sojamehl (entfettet) = 51 Prozent
Sojamehl (nicht entfettet)
= 40 Prozent
Getrocknete Sojabohnen
= 35 Prozent
Käse = 30 Prozent
Fisch = 22 Prozent
Huhn = 21 Prozent
Rindfleisch = 20 Prozent
Tofuburger = 15 Prozent
Eier = 13 Prozent
Vollreis (ungekocht) = 8 Prozent
Vollmilch = 3 Prozent

Dieser Vergleich macht deutlich, wie wichtig Tofu in Zukunft auch in unserer Ernährung sein kann.

DIE TOFU-HERSTELLUNG

Selbst in Japan ist die Tradition, Tofu selbst herzustellen, immer weiter zurückgegangen.

Die meisten Familien beziehen ihren Tofu heute in Lebensmittelgeschäften. Ältere Japaner erzählen gerne von vergangenen Zeiten, in denen Tofu noch am häuslichen Herd in einem eisernen Topf über offenem Feuer zubereitet wurde. Jede Familie hatte dafür ihr eigenes Rezept, das sie von Generation zu Generation weitergab.

So wie viele Deutsche sich seit einigen Jahren wieder auf die Tradition des Brotbackens besinnen, so erinnern sich viele Japaner heute wieder an die hauseigene Tofu-Herstellung. Manche bauen sogar selbst Sojabohnen in ihren Gärten an.

HAUSGEMACHTER TOFU

Die Herstellung von Tofu im eigenen Haushalt ist zwar etwas zeitaufwendig, aber gar nicht so schwierig und vor allem preiswert.

Für die Herstellung benötigen Sie folgende Zutaten:

- ○ 250 g ganze, getrocknete gelbe Sojabohnen
- ○ jede Menge Wasser und

entweder

- ○ 1½–2 TL Nigari oder frisches Meerwasser für leicht süßlichen Tofu
- ○ 2 TL Magnesiumsulfat oder Kalziumsulfat für milden, weichen Tofu

oder

- ○ 4 EL frisch ausgepreßten Zitronensaft bzw. 3 Eßlöffel (Apfel-)Essig für leicht herben bzw. sauren Tofu

Außerdem:

- ○ 1 Kochtopf mit Deckel (Fassungsvermögen 6 bis 8 Liter)
- ○ 1 Wasserkessel (Fassungsvermögen 2 bis 3 Liter)
- ○ 1 Topf oder Schüssel zum Pressen (je tiefer desto besser)
- ○ 1 großes, unten abgerundetes Sieb (muß in die Öffnung des »Preßtopfes« passen)
- ○ 1 grober Sack oder ein großes Tuch (zum Pressen)
- ○ 1 Windel oder ein leichtes Küchenhandtuch aus Baumwolle
- ○ 1 Preßkasten oder ein Sieb mit flachem Boden, am besten rechteckig. In einigen Reformhäusern und Naturkostläden gibt es inzwischen fertige Tofu-Preßkästen mit Deckel und Baumwollsack als Set zu kaufen.
- ○ 1 Deckel, der in den Preßkasten paßt
- ○ 1 Pürierstab oder Mixer
- ○ 1 Kartoffelstampfer
- ○ 1 Holzlöffel
- ○ 1 Meßbecher
- ○ 1 Meßlöffel
- ○ 1 Haarsieb
- ○ 1 flache Schöpfkelle
- ○ 1 Gewicht (1 kg)

Bevor es richtig losgeht, müssen die Bohnen in etwa sechs Tassen Wasser 10 bis 12 Stunden eingeweicht werden. Danach abspülen und abtropfen lassen.

Den Kochtopf mit 7½ Tassen Wasser zum Kochen bringen. Inzwischen den Preßtopf in die Spüle stellen und das Sieb darauf setzen. Den Sack oder das Tuch anfeuchten und das Sieb damit auskleiden, dabei die Enden über den Rand stülpen. Mit der angefeuchteten Windel oder dem Tuch den Preßkasten auskleiden. Den Kasten ebenfalls in die Spüle stellen.

Soll die Molke auch aufgefangen werden, unbedingt einen Behälter unterstellen.

Nun die abgetropften Bohnen und gut vier Tassen Wasser mit dem Pürierstab oder dem Mixer pürieren. Das Püree in den Topf mit dem kochenden Wasser geben, kurz umrühren und dann das Ganze in den Sack bzw. das Tuch schütten.

Kaltes Wasser in den Topf geben und wieder zum Kochen bringen. Den Sack/das Tuch fest zusammendrehen und mit dem Kartoffelstampfer gegen das Sieb drücken, um soviel Flüssigkeit wie möglich auszupressen. Dann drei Tassen kochendes Wasser in den Sack geben, gut umrühren und nochmals kräftig auspressen, damit genügend Sojamilch abläuft. Die im Tuch verbliebene Sojakleie, Okara genannt, ist ein ballaststoffreiches Nahrungsmittel mit 3,5 Prozent Eiweiß. Es kann zum Binden von Bratlingen oder zum Anreichern von Pfannkuchen oder Pasteten verwendet werden.

Die gewonnene Sojamilch nun in einem Topf auf großer Flamme zum Kochen bringen und dabei mehrmals gründlich umrühren. Bei mittlerer Hitze sieben Minuten weiterkochen lassen.

In der Zwischenzeit – je nach Geschmack – Nigari, Meersalzwasser, Zitronensaft etc. abmessen und in einer knappen Tasse kochendem Wasser auflösen. Die Sojamilch mit einem Holzlöffel ein paarmal kräftig in beide Richtungen rühren und dabei ein Drittel der Lösung zufügen. Weiter umrühren, dann den Löffel in der Mitte senkrecht halten, bis die Milch zum Stillstand kommt. Jetzt wird das zweite Drittel der Lösung zugegeben. Den Topf zudecken und etwa drei Minuten ruhig stehen lassen. Nur wenn die Milch noch nicht richtig geronnen ist, das restliche Drittel der Lösung zugeben.

Dann den Topf in die Spüle stellen und das Haarsieb so in das Quark-Molke-Gemisch drücken, daß sich nur Molke im Sieb sammelt. Die Molke mit der Schöpfkelle abschöpfen und in den Preßkasten schütten. Den Vorgang solange wiederholen, bis sich im Sieb keine Molke mehr sammelt.

Nun den Sojaquark und die verbliebene Molke ganz vorsichtig in den Preßkasten geben. Die Ränder des Tuches vorsichtig zusammenfalten, den Preßdeckel aufsetzen und das etwa ein Kilogramm schwere Gewicht aufsetzen. Den Tofu 15 Minuten lang pressen. Soll daraus fester Tofu werden, so muß das Gewicht schwerer sein und der Preßvorgang um fünf Minuten verlängert werden.

Danach das Gewicht und den Deckel entfernen und den Tofu aus dem Preßkasten kopfüber in eine große Schüssel mit kaltem Wasser gleiten lassen. Das Tuch nun vorsichtig entfernen und den Tofu fünf Minuten im Wasser liegen lassen, bis er fest geworden ist. Den Tofu in mehrere kleine Portionen teilen und abtropfen lassen.

Auch die aufgefangene Molke läßt sich verwenden – mit Wasser verdünnt, können die benutzten Küchengeräte damit gespült werden. Pur ist die Molke ein ideales, vor allem auch natürliches Schönheitsmittel – sowohl Haut als auch Haare sind dankbar für eine Molke-Wäsche.

Soja-Molke kann auch als Viehfutter, zum Blumengießen, oder als Poliermittel für Holz verwendet werden.

Leider schmeckt die Molke nicht, so daß sie zum Trinken weniger geeignet ist. Aber gesund ist sie sicher, wie alles, was aus der Sojabohne gewonnen wird.

FERTIG GEKAUFTER TOFU

Wem die Prozedur der eigenen Herstellung zu aufwendig ist, verläßt sich am besten auf fertig gekauften Tofu. Tofu ist inzwischen nicht mehr nur in Reformhäusern und Naturkostläden zu finden, sondern auch immer mehr Kaufhäuser und Supermärkte bieten ihn vakuumverpackt in ca. 250–500 g Stükken an. In manchen Städten gibt es kleine Tofureien, die ihren ganz individuellen Tofu herstellen.

TOFU-SORTEN

Weicher Tofu: Dieser »Soft«-Tofu eignet sich durch seine cremige Konsistenz vor allem für die Zubereitung von Saucen, Marinaden, Cremes, Mayonnaisen, zum Pürieren und zum Anreichern von Frikadellen und Bratlingen.

Fester Tofu: Er läßt sich gut braten, fritieren, grillen oder in Würfel geschnitten für Ragouts, Salate etc. weiter verwenden.

Kräuter-Tofu: Er ist bereits mit frischen Kräutern, Meersalz, manchmal auch mit zerkleinerten Oliven angereichert und eignet sich als Brotbelag, aber auch, wie fester Tofu, zum Braten etc.

Räucher-Tofu: Kleine, individuell arbeitende Tofuereien bieten vor allem im Naturkosthandel und in Reformhäusern pikant gewürzten und geräucherten Tofu an. Es gibt ihn in drei verschiedenen Geschmacksrichtungen: mit Champignons, Kräutern und Meersalz; mit Rotwein und Kräutern der Provence oder mit Meeresalgen.

Der noch geschmeidige Tofuquark wird vor dem Pressen mit den erwähnten Zutaten vermischt, nach dem Pressen fritiert, entfettet und dann über Buchenholz geräuchert.

Alle Räucher-Tofus eignen sich als pikanter Brotbelag. Da er ebenfalls eine feste Konsistenz hat, schmeckt Räucher-Tofu auch gebraten, als Einlage für Suppen oder Eintöpfe und als würzige Ergänzung bei vielen vegetarischen Gerichten.

Daneben gibt es noch Tofu-Pasteten oder vakuumverpackte Tofu-Gemüse-Bratlinge, die man ohne Vorbereitung gleich in wenig Fett braten kann.

TOFU-AUFBEWAHRUNG

Hausgemachter Tofu, den Sie nicht sofort frisch verwenden, hält sich im Kühlschrank, mit Wasser bedeckt, bis zu sieben Tagen. Das Wasser muß *täglich* erneuert werden.

Fertig gekaufter, vakuumverpackter Tofu hält sich – wie üblich – bis zum angegebenen Verfalldatum. Bei sachgemäßer Lagerung auch darüber hinaus. Nach Anbruch der Packung gibt man den Tofu in einem Gefäß mit frischem Wasser in den Kühlschrank. Auch hier muß das Wasser täglich gewechselt werden. Der Tofu hält sich dann etwa eine Woche.

Übrigens kann Tofu auch eingefroren werden. Allerdings ändern sich dabei sein Aussehen und seine Konsistenz. Die Qualität leidet jedoch keinesfalls darunter. Nach dem Auftauen empfiehlt es sich, den Tofu mit den Händen auszupressen. Tiefgefrorener Tofu eignet sich besonders gut zum Panieren und Braten.

EINIGE VORBEREITUNGS-TIPS

Pressen: Um besonders festen Tofu zu bekommen, wickelt man ihn in ein Tuch oder ein saugfähiges Küchenpapier, legt ein Brett darauf und beschwert dieses mit einem Gewicht. Nach 1–2 Stunden ist das überschüssige Wasser abgelaufen und der Tofu läßt sich gut in Scheiben oder Würfel schneiden.

Marinieren: Um dem neutralen Tofu einen kräftigeren Geschmack zu geben, empfiehlt sich das Marinieren vor der Zubereitung.

Marinade 1

4–5 Eßlöffel Sojasauce mit der dreifachen Menge Wasser mischen, 500 g Tofu in die Marinade legen und 3–4 Stunden in den Kühlschrank stellen.

Marinade 2

4–5 Eßlöffel Weiß- oder Rotwein mit der dreifachen Menge Wasser mischen, mit 1 Nelke, einigen schwarzen Pfefferkörnern, zerdrückten Wacholderbeeren und etwas Meersalz mischen.

Bei Räucher-Tofu ist das Marinieren nicht mehr notwendig.

> Die Rezepte sind – soweit nichts anderes angegeben – für 4 Personen berechnet.
> Die Rezepte im Kapitel »Tofu-Diät« sind für 1 Person.

KOCHVOR-BEREITUNGEN

Um den Umgang mit Tofu beim Kochen zu erleichtern, sind noch ein paar grundlegende Techniken zu beachten:

Brühen: In wenigen Fällen ist es für das Rezept notendig, den Tofu kurz in Salzwasser zu brühen, damit er mehr Würze und größere Festigkeit erhält. Allerdings ist immer darauf zu achten, daß er nicht zu lange zieht, da sonst das zarte Aroma leidet.

Abtropfen: Neben der Aufbewahrung im Wasserbad gibt es die Möglichkeit, Tofu in einem mit einem Küchentuch ausgeschlagenen Sieb zum Abtropfen aufzubewahren. So wird er noch fester und verliert nichts von seinem feinen Aroma.

Ausdrücken: Durch das Ausdrükken erhält Tofu eine an Hüttenkäse erinnernde Konstistenz. Dafür wird er in die Mitte eines Küchenhandtuchs gelegt, welches zu einem Sack zusammengedreht wird. Bitte achten Sie darauf, daß der Tofu nicht zu fest gepreßt wird, damit er nicht durch das Gewebe dringt.

Pürieren: Für Saucen, aber auch für andere Zubereitungsformen muß Tofu mitunter püriert werden. Ist der Tofu sehr fest, empfiehlt es sich, ihn – zusammen mit etwas Flüssigkeit, zum Beispiel Sahne, Brühe etc. – zu pürieren.

Tofu-Kuchen: Um einen festen Tofu-Kuchen zu erhalten, der ähnlich einem festen Käselaib ist, wird ca. 600 g Tofu mit etwas Salz in einen Topf gegeben, gut vermischt und bei mittlerer Hitze etwa vier Minuten gekocht. Sobald der Tofu kräftig aufkocht, wird er in ein mit einem Tuch ausgekleidetes Sieb geschüttet. Abtropfen lassen, anschließend das Tuch so zusammenfassen, daß ein cirka 12 mal 12 großer etwa 3 Zentimeter hoher Kuchen entsteht. Den Kuchen entsprechend beschweren und an einem kühlen Ort zwei bis drei Stunden pressen.

Pressen: Da Form und Struktur des Tofu erhalten bleiben sollen, muß beim Pressen vorsichtig vorgegangen werden. Der Tofu wird in ein viermal gefaltetes Baumwollhandtuch sehr fest einschlagen. Auf das Handtuch ein Gewicht von cirka einem Kilogramm setzen und den Tofu etwa zwei Stunden an einen kühlen Ort stellen. Noch fester wird der Tofu, wenn das feuchte Handtuch nach einer halben Stunde gegen ein trockenes ausgewechselt wird.

Grillen: Etwas Besonderes ist gegrillter Tofu, der mit nur wenigen Zutaten zu einem Festessen für Feinschmecker wird. Tofu zum Grillen sollte gepreßt sein, er muß eine feste Konsistenz haben. Am besten schmeckt es, wenn der Tofu über Holzkohlenglut gegrillt wird. Dabei wird er der Länge nach auf eine besonders große Gabel gesteckt, deren Zinken länger sind als das Tofustück. Dann wird der Tofu auf beiden Seiten etwa 30 Sekunden gegrillt, bis er schön braun ist.
Der fertiggegrillte Tofu kann wie »Eis am Stiel« aus der Hand gegessen werden. Dazu reicht man eine oder mehrere pikante Saucen als Dip. Gegrillter Tofu schmeckt auch sehr gut als Toast-Belag mit einer würzigen Tomaten-Majonnaise.

TOFU – ALS PARTNER FÜR SALATE UND VORSPEISEN

Ein frischer, leichter Salat, angerichtet mit ein paar zarten Tofuwürfeln, ist eine köstliche, kalorienarme und vollwertige Mahlzeit. Die Salatzutaten bringen Frische, Vitamine und Ballaststoffe, der Tofu das leicht verdauliche, pflanzliche Eiweiß. Einige Tropfen guten Öls liefert die letzte noch fehlende Komponente – das Fett. In einer solchen Salatkomposition ist alles in idealer Zusammenstellung enthalten, was der Körper braucht – und das kalorienarm und voll des herrlichsten Geschmacks. Für Salate haben Sie die Wahl: Tofuwürfel pur oder gebraten, in Streifen geschnitten und mariniert, zu Bällchen geformt oder in ein leichtes, würziges Dressing gerührt.

Jedoch auch frische Vorspeisen lassen sich leicht und würzig mit Tofu zubereiten. Ob eine feine Tofu-Terrine oder raffiniert gefüllte Weinblätter – probieren Sie selbst.

SALAT NICOISE

2 große Kartoffeln
Salz
270 g TK-Gemüse (gemischt)
1 Tomate
1 kleiner Bund Frühlingszwiebeln
150 g Tofu
1 kleine Dose Sojasprossen
(170 g Abtropfgewicht)
4 EL Olivenöl
2 EL Essig
Pfeffer aus der Mühle
1 Knoblauchzehe
1 TL gerebelter Oregano
1 TL Senf
1 Prise Zucker

1. Kartoffeln waschen und in Salzwasser garen, abgießen, abkühlen lassen und schälen. Nach Belieben zu Kugeln ausstechen oder kleinwürfeln.
2. TK-Gemüse in Salzwasser bißfest garen und abtropfen lassen.
3. Tomate waschen, halbieren, entkernen und dann in Streifen schneiden.
4. Frühlingszwiebeln putzen, waschen und in mundgerechte Stücke schneiden.
5. Tofu würfeln, Sprossen abgießen und abtropfen lassen.
6. Öl mit Salz und den übrigen Zutaten (Knoblauch durchgepreßt) verrühren.
7. Salatzutaten anrichten und mit der Marinade übergießen.

FRÜHLINGS-SALAT MIT TOFU-DRESSING

1 Kopfsalat
2 Frühlingszwiebeln
½ Rettich
1 Bund Radieschen
1 hartgekochtes Ei
1 Handvoll Kresse
½ EL Mayonnaise
200 g Tofu
2 EL Weißweinessig
Salz, Pfeffer aus der Mühle
Sojasauce

1. Kopfsalat putzen und waschen. Gut abtropfen lassen.
2. Die Frühlingszwiebeln in Ringe schneiden.
3. Rettich schälen, Radieschen putzen, waschen, Ei schälen und alles in Scheiben schneiden.
4. Kresse waschen und gut abtropfen lassen. Alle Salatzutaten außer Eischeiben sorgfältig mischen.
5. Mayonnaise, Tofu und Weißweinessig in eine Schüssel geben und pürieren. Das Dressing mit Salz, Pfeffer und Sojasauce abschmecken.
6. Salat und Dressing gut mischen und mit Eischeiben garnieren.

TOFU-TOMATEN-DRESSING

125 g Kikkoman Tofu
⅛ l Tomatensaft
2 EL Kikkoman Soja-Sauce
3 Tropfen Tabasco
Pfeffer aus der Mühle
1 TL Oregano
1 TL Zitronensaft
4 EL Öl
1 Prise Zucker

Tofu mit den übrigen Zutaten in eine Schüssel geben und pürieren. Das Dressing schmeckt zu Krabben, Nudel-, Kartoffel- und frischem Salat.

TOFU-SAHNE-DRESSING

125 g Kikkoman Tofu
1 EL Kikkoman Soja-Sauce
150 g saure Sahne
6 EL süße Sahne
3 EL gemischte, gehackte Gartenkräuter
1 geschälte Knoblauchzehe
Saft ½ Zitrone
2 EL Orangensaft
Pfeffer aus der Mühle
1 Prise Zucker

Alle Zutaten im Mixer pürieren. Paßt zu allen frischen Salaten.

KRAUTSALAT IN TOFU-MAYONNAISE

½ kleiner Weißkohl
½ kleiner Rotkohl
300 g Tofu
1 EL Dijon-Senf
Saft 1 Zitrone
1 EL Joghurt
½ Bund Petersilie
Salz, Pfeffer aus der Mühle

1. Weißkohl und Rotkohl putzen, vierteln und jeweils den Strunk entfernen. Kohl mit der Schnittfläche nach unten legen und in dünne Streifen schneiden.
2. Die Kohlstreifen auf ein sauberes Tuch legen und mit dem Nudelholz weichklopfen.
3. Gewürfelten Tofu, Senf, Zitronensaft und Joghurt in eine Schüssel geben und pürieren.
4. Die Petersilie waschen, hacken und die Hälfte unter die Mayonnaise geben. Alles mit Salz, Pfeffer und evtl. noch etwas Senf abschmecken.
5. Den Kohl mit der Mayonnaise vermischen und eine Stunde an einem kühlen Ort gut durchziehen lassen.
6. Den Krautsalat anrichten und mit der restlichen Petersilie bestreuen.

FRISCHKOST MIT MARINIERTEM TOFU

300 g Tofu
3 Knoblauchzehen
2 TL Rosmarinnadeln
2 TL Thymian
2 EL Zitronensaft
2 EL Obstessig
2 EL Olivenöl
1 TL Pfefferkörner
8 Senfkörner
1 getrocknete Chilischote
Salz
½ Bund Radieschen
1 Möhre
2 Frühlingszwiebeln

1. Tofu in Scheiben schneiden.
2. Knoblauch abziehen und durchpressen.
3. Aus den Zutaten von Knoblauch bis Chilischote eine Marinade bereiten und mit Salz abschmecken.
4. Die Tofuscheiben 3 Stunden in die Marinade legen, kaltstellen und von Zeit zu Zeit wenden.
5. Die Radieschen waschen und in schmale Streifen schneiden. Möhre schälen und ebenfalls in Scheiben schneiden. Die Frühlingszwiebeln waschen und in schmale Ringe schneiden.
6. Tofu aus der Marinade nehmen und mit den Salatzutaten anrichten. Einen Teil der Marinade über das Gemüse träufeln.

BUNTER MAISSALAT

200 g Kikkoman Tofu
1 EL Essig
Salz, Pfeffer aus der Mühle
1 Knoblauchzehe
Paprikapulver edelsüß
2 EL Zitronensaft
250 g Tomaten
1 Paprikaschote
400 g Maiskörner (Dose)
1 Bund Schnittlauch
5 Oliven

1. Tofu in große Würfel schneiden.
2. Aus Essig, Salz, Pfeffer, durchgepreßtem Knoblauch, Paprika und Zitronensaft eine Marinade herstellen. Die Tofustücke in der Marinade 2 Stunden ziehen lassen.
3. Tomaten waschen und vierteln. Paprikaschote entkernen und in Streifen schneiden. Maiskörner auf ein Sieb schütten und abtropfen lassen. Schnittlauch waschen und in feine Ringe schneiden.
3. Das Gemüse in einer Schüssel vermischen, Tofu mit der Marinade zufügen und alles miteinander vermischen.
4. Den Salat mit Schnittlauchröllchen und Oliven garnieren.

GEFÜLLTE WEINBLÄTTER

20 g Reis
200 ml Brühe
1 EL Sesam
½ Bund Petersilie
½ Bund Schnittlauch
300 g Tofu
2 EL Zitronensaft
Salz, Pfeffer aus der Mühle
Oregano
20 Weinblätter (aus der Dose)

1. Reis ca. 20 Minuten in der Brühe garen, abgießen und abkühlen lassen.
2. Sesam in einer trockenen Teflonpfanne goldbraun rösten, auf einen Teller geben und beiseite stellen.
3. Die Kräuter waschen und fein hacken.
4. Den Tofu mit einer Gabel grob zerbröseln.
5. Alle Zutaten vermischen, Zitronensaft zugeben und mit Salz, Pfeffer und Oregano kräftig abschmecken.
6. Die Weinblätter vorsichtig voneinander lösen und trockentupfen.
7. Weinblätter je nach Größe mit einer bestimmten Menge der Füllung belegen, Blätter an den Seiten einklappen, vorsichtig zusammenrollen und als Vorspeise anrichten.

GEFÜLLTE CHAMPIGNONS

4 große Wiesenchampignons
1 Zwiebel
1 Knoblauchzehe
2 EL Öl
150 g Tofu
2 EL gehackte Petersilie
Salz, Pfeffer aus der Mühle
1 EL geriebener Parmesan
2 EL Semmelbrösel
1 TL Margarine

1. Die Champignons putzen, waschen und die Stiele entfernen, Stiele fein hacken.
2. Zwiebel und Knoblauch abziehen und fein würfeln.
3. Das Öl in einer Pfanne erhitzen, Zwiebel, Knoblauch und Champignonstiele darin andünsten.
4. Den zerbröselten Tofu und die Petersilie zufügen, mit Salz und Pfeffer abschmecken.
5. Die Füllung in die Pilzhüte geben und mit Parmesan und Semmelbröseln bestreuen. Backofen auf 200 °C vorheizen.
6. Die gefüllten Wiesenchampignons in eine gefettete Auflaufform geben. Im Backofen ca. 20 Minuten überbacken.

GERÖSTETE PAPRIKA UND TOFU MIT VINAIGRETTE

6 Paprikaschoten
1 Knoblauchzehe
1½ EL Essig
5 EL Öl
½ Bund Schnittlauch
300 g Kikkoman Tofu
Pfeffer aus der Mühle

1. Backofengrill vorheizen. Die Paprikaschoten unter den Grill geben und rösten, bis die Haut Blasen wirft.
2. Inzwischen aus durchgepreßter Knoblauchzehe, Essig, Öl und gehacktem Schnittlauch eine Marinade herstellen.
3. Tofu in Würfel schneiden und 1 Stunde in der Marinade einlegen.
4. Die gerösteten Schoten in ein feuchtes Tuch wickeln und abkühlen lassen. Dann die Haut abziehen, dabei die Paprika über eine Schüssel halten und den Saft auffangen.
5. Schoten aufschneiden, putzen und in mundgerechte Stücke schneiden.
6. Paprika und Tofu anrichten. Die Marinade mit dem aufgefangenen Paprikasaft verrühren. Dann über dem Tofu und den Paprikas verteilen. Mit Pfeffer leicht überhauchen.

SPARGEL MIT GRÜNER TOFU-MAYONNAISE

200 g frische oder TK-Erbsen
200 g Kikkoman Tofu
300 g Kerbel
2 Eigelb
2 EL Zitronensaft
Salz, Pfeffer aus der Mühle
2–3 EL Öl
50 g süße Sahne
150 g Spargel (aus der Dose)

1. Erbsen etwa 6 Minuten in ½ l Wasser garen, abgießen und im Mixer pürieren.
2. Tofu würfeln und ebenfalls fein pürieren.
3. Kerbel von den Stielen zupfen, waschen, gut abtropfen lassen und hacken.
4. Eigelb, Zitronensaft, Salz und Pfeffer verrühren.
5. Öl unter ständigem Rühren zuerst tropfenweise, dann in einem dünnen Strahl zugeben.
6. Pürierte Erbsen mit der Sahne und dem Tofu zur Mayonnaise geben. Kerbel unterrühren und mit Salz und Pfeffer abschmecken.
7. Spargel auf Teller verteilen und die Mayonnaise darauf garnieren.

TOFU-TERRINE

10 Blatt Gelatine
3 Zwiebeln
40 g Butter
500 g reife Tomaten
3 EL Tomatenmark
½ TL getrockneter Majoran
1 Msp. getrockneter Thymian
1 Prise gemahlener Oregano
1 Zweig Zitronenmelisse
Salz, Pfeffer aus der Mühle
Cayennepfeffer
1 EL Sherryessig
1 Prise Zucker
200 g Tofu
2 Bund Basilikum
½ Bund Petersilie
100 ml Gemüsebrühe
3 TL Zitronensaft
je 200 g süße und saure Sahne
4 Kirschtomaten

1. Je 5 Blatt Gelatine in kaltem Wasser einweichen.
2. Die Zwiebeln fein würfeln und in der Butter glasig dünsten.
3. Die Tomaten überbrühen, häuten und das Fruchtfleisch würfeln. Mit der Hälfte der glasig gedünsteten Zwiebeln vermischen.
4. Auf den Herd stellen, Tomatenmark, Majoran, Thymian, Oregano und die Melisseblätter zufügen. Bei mittlerer Hitze zu Mus kochen. Durch ein Sieb passieren. Mit Salz, Pfeffer, Cayennepfeffer, Essig und Zucker abschmecken. 5 Blatt gut ausgedrückte Gelatine in der heißen Masse auflösen. Kaltstellen.
5. Tofu würfeln und pürieren.
6. Basilikum und Petersilie waschen, abtrocknen und zusammen mit den Stielen fein hacken. Mit den restlichen Zwiebeln mischen. Bei milder Hitze 5 Minuten dünsten. Mit der Brühe auffüllen, Tofupüree unterheben und 5 Minuten köcheln lassen. Die Masse pürieren und durch ein Sieb streichen. Mit Pfeffer und Zitronensaft würzen. Restliche Gelatine darin auflösen und kaltstellen.
7. Die süße Sahne steifschlagen und jeweils die Hälfte unter jede der Massen ziehen.
8. Die saure Sahne ebenfalls aufteilen und unterheben.
9. Eine Kastenform von 22 cm Länge abwechselnd mit der Tomaten- und Basilikummasse ausfüllen. Die Kirschtomaten dazwischenstecken.
10. Alles leicht anfrieren lassen und mindestens 5 Stunden kaltstellen. Die Terrine auf eine Platte stürzen und in Scheiben geschnitten als Vorspeise reichen.

TOFU IN SESAM-PANADE

250 g Kikkoman Tofu
1–2 EL Mehl
2 Eier
ca. 50 g Honig
100 g Sesam
5 EL Öl

1. Tofu in Würfel von 2×2 cm schneiden.
2. Nacheinander in Mehl, verquirlten Eiern, erwärmtem Honig und Sesam wenden. In erhitztem Öl auf allen Seiten goldgelb backen.
3. Die gebratenen Tofuwürfel erkalten lassen und auf frischen Salatblättern anrichten. Mit einem bunt gemischten Salat als Vorspeise servieren.

KLEINE FRÜHLINGSROLLEN

1 Packung Reisplatten
200 g Kikkoman Tofu
1 Paprikaschote
200 g Weißkohl
100 g frische Champignons
1 Zwiebel
1 Knoblauchzehe
Salz, Pfeffer aus der Mühle
Sojasauce
Fett zum Fritieren

1. Die Reisplatten aus der Packung nehmen und in ein feuchtes Tuch einwickeln, so lösen sich die Platten leichter voneinander. Die benötigten abnehmen und den Rest einfrieren.
2. Den Tofu zerbröseln, Paprikaschote und Weißkohl putzen, in schmale Streifen schneiden und 10 Minuten in Salzwasser garen.
3. Die Pilze putzen und ganz fein schneiden.
4. Die Zwiebeln hacken und den Knoblauch durchpressen.
5. Alle Zutaten vermischen und mit Salz, Pfeffer und Sojasauce abschmecken.
6. Die Füllung in eine Ecke der Reisplatten geben und einmal rollen, zwei Ecken einschlagen und möglichst fest weiter aufrollen.
7. Die Röllchen in der Friteuse goldbraun fritieren. Dann auf Küchenpapier entfetten und sofort servieren.

BLÄTTERTEIG-TASCHEN MIT TOFU-FÜLLUNG

1 Packung TK-Blätterteig
200 g Kikkoman Tofu
1 Zwiebel
1 Knoblauchzehe
2 Tomaten
150 g Champignons
150 g TK-Spinat
2 EL Butter
Salz, Pfeffer aus der Mühle
frisch geriebene Muskatnuß
1 Eigelb

1. Blätterteig auftauen lassen.
2. Tofu und Zwiebel fein würfeln. Knoblauch durchpressen.
3. Tomaten überbrühen, häuten und in Würfel schneiden.
4. Champignons putzen und in schmale Streifen schneiden.
5. Spinat auftauen und das Wasser abtropfen lassen.
6. Tofu, Zwiebel, Champignons mit Butter in einer Pfanne anbraten. Spinat und Tomaten zufügen, durchmischen und mit Salz, Pfeffer und Muskat abschmecken.
7. Die Blätterteigplatten voneinander lösen. Jedes Teigrechteck mit etwas Füllung belegen.
8. Die Ränder mit verquirltem Eigelb bestreichen und die Teigplatten zusammenklappen.
9. Die Blätterteigtaschen im vorgeheizten Backofen 10–15 Minuten bei 225 °C backen.

TOFU – IDEAL IN SUPPEN UND EINTÖPFEN

Suppen haben Renaissance. Das liegt sicher am geänderten Ernährungsbewußtsein – Suppen sind leicht, haben viel Geschmack und bauen vorwiegend auf Gemüse- oder Getreidebasis auf.

Würzige Gemüsebrühen und pürierte Gemüsesuppen haben auch ohne Fleischzusatz viel Aroma. Hier ist Tofu ein idealer Partner. Er liefert wertvolles Eiweiß, gibt Suppen und Eintöpfen die ausgewogene Balance zwischen den Nährstoffen und läßt dabei die Kalorienzahl nicht hochschnellen.

Tofu eignet sich hervorragend für Suppen und Eintöpfe. Püriert, unter eine Cremesuppe gemischt, bindet er eiweißreich und kalorienarm. In Würfel geschnitten ist Tofu eine gesunde Einlage für Brühen und Eintöpfe. Mit anderen Zutaten gemischt, zu Klößchen geformt oder in Teigtaschen gefüllt, ist Tofu eine raffinierte Zutat für Gemüsebrühen, Fischfonds oder Eintöpfe.

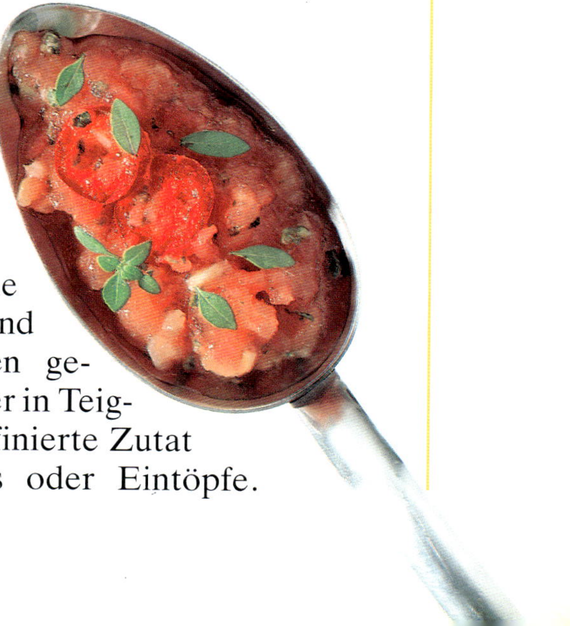

TOFU-TOMATEN-SUPPE

2 EL Olivenöl
1 Zwiebel
1 große Dose geschälte Tomaten
½ l Gemüsebrühe
200 g Kikkoman Tofu
Salz, Pfeffer aus der Mühle
1–2 Tropfen Tabasco
1 Bund Schnittlauch

1. Öl erhitzen und die abgezogene, gehackte Zwiebel darin andünsten.
2. Tomaten mit Dosenflüssigkeit zugeben, Brühe angießen und alles ca. 5 Minuten kochen lassen.
3. Die Hälfte des Tofus in die Suppe geben und pürieren, mit Salz, Pfeffer und Tabasco abschmecken.
4. Restlichen Tofu würfeln. Schnittlauch waschen und in Röllchen schneiden. Beides in die Suppe geben.

KLARE BRÜHE MIT ZARTEM TOFU

1 l Gemüse-, Rinder- oder Hühnerbrühe
3 EL Kikkoman Soja-Sauce
250 g Kikkoman Tofu
200 g gemischtes Gemüse (Möhren, Paprikaschoten, Sellerie, Frühlingszwiebeln etc.)

1. Die Brühe mit der Soja-Sauce pikant abschmecken.
2. Tofu in Würfel schneiden und auf 4 Teller oder Suppentassen verteilen.
3. Das Gemüse entweder in feine Streifen schneiden oder mit Garnierformen ausstechen.
4. Das Gemüse 5 Minuten in der heißen Brühe köcheln lassen, dann alles auf die 4 Teller oder Suppentassen verteilen.

Dazu schmeckt frisches Stangenweißbrot oder Knoblauchbrot.

LAUCH-CHAMPIGNON-SUPPE MIT GEBRATENEM TOFU

1 Zwiebel
50 g Butter
250 g Champignons
1 Knoblauchzehe
3 Stangen Lauch
1 ½ l Gemüsebrühe
300 g Tofu
1 EL Öl
Salz, Pfeffer aus der Mühle
frisch geriebene Muskatnuß
1 EL frische, gehackte Kräuter

1. Zwiebel abziehen, würfeln und in erhitzter Butter glasig dünsten.
2. Champignons putzen und blättrig schneiden. Knoblauchzehe abziehen und durchpressen. Lauch putzen, waschen und in Ringe schneiden.
3. Champignons, Knoblauch und Lauchringe zu den Zwiebeln geben und andünsten, mit Brühe ablöschen, mit Salz, Pfeffer und Muskat würzen, die Suppe ca. 10 Minuten garen.
4. Tofu in Streifen schneiden, in erhitztem Öl goldbraun braten.
5. Die Suppe mit den Tofustreifen und den gehackten gemischten Kräutern anrichten.

KÄSE-WEIN-SUPPE MIT TOFU

1 Zwiebel
80 g Butter
20 g Mehl
200 g Gouda
½ l Gemüsebrühe
300 g Tofu
¼ l trockener Weißwein
⅛ l Sahne
Salz, Pfeffer
frisch geriebene Muskatnuß
½ Beet Kresse
2 Scheiben Toastbrot
1 Tomate

1. Zwiebel abziehen und fein würfeln. In 50 g erhitzter Butter glasig dünsten. Mit Mehl bestäuben und kurz anschwitzen.
2. Gouda raspeln und zu den Zwiebeln geben, schmelzen lassen.
3. Mit Brühe aufgießen, kurz aufkochen lassen.
4. Tofu würfeln, mit Wein und Sahne pürieren und unter die Suppe ziehen. Mit Salz, Pfeffer und Muskat würzen, erhitzen und mit abgeschnittener Kresse bestreuen.
5. Toastbrot entrinden, würfeln und in der restlichen, erhitzten Butter rösten.
6. Tomate überbrühen, häuten und das Fruchtfleisch in Würfel schneiden.
7. Die Suppe vor dem Servieren mit Tomaten- und Brotwürfeln garnieren.

TOFU-REIS-SUPPE

80 g Langkornreis
Salz
4 kleine Zwiebeln
1 Knoblauchzehe
300 g Kikkoman Tofu
1 EL Öl
1 l Gemüsebrühe
2 TL Chilipulver
½ TL gemahlener Ingwer
½ TL gemahlener Koriander
1 Msp. gemahlener Kreuzkümmel
3 Nelken
Saft einer ½ Zitrone

1. Reis in genügend Salzwasser ca. 20 Minuten garen, abgießen, kalt abschrecken und warmstellen.
2. Zwiebeln abziehen und in Ringe schneiden. Knoblauchzehe durchpressen. Tofu pürieren.
3. Öl in einem Topf erhitzen, Zwiebeln und Knoblauch darin kurz andünsten. Tofu zufügen und anbraten, bis sich eine leichte Kruste auf dem Topfboden bildet.
4. Bratensatz mit Gemüsebrühe ablöschen und mit wenig Salz, Chilipulver, Ingwer, Koriander, Kreuzkümmel würzen und die Nelken zufügen.
5. Suppe ca. 20 Minuten köcheln lassen.
6. Reis in die Suppe geben und mit Zitronensaft abschmecken.

BRENNESSEL-SUPPE

500 g Brennesseln
Salz
50 g Butter
20 g Mehl
¾ l Gemüsebrühe
300 g Tofu
1 Eigelb
2 EL Sahne
Pfeffer aus der Mühle
Muskatnuß
2 Scheiben Toastbrot

1. Brennesseln verlesen, waschen und in Salzwasser ca. 10 Minuten kochen. Durch ein Sieb streichen oder pürieren.
2. Aus 25 g Butter und dem Mehl eine hellbraune Schwitze bereiten und mit der Brühe aufgießen. Umrühren und 10 Minuten sacht köcheln lassen.
3. Die pürierten Brennesseln zugeben und die Suppe weitere 5 Minuten köcheln lassen.
4. Die Hälfte des Tofus mit dem Eigelb und der Sahne pürieren und unter die Suppe ziehen. Erhitzen, aber nicht mehr kochen lassen. Mit Salz, Pfeffer und Muskat abschmecken.
5. Toastbrot und restlichen Tofu würfeln und in der verbliebenen Butter goldbraun rösten.
6. Die Suppe auf Teller verteilen und mit den Würfeln garnieren.

ASIATISCHE NUDELSUPPE MIT TOFU

1 Packung chinesische Trockenpilze
1 Möhre
50 g Bambussprossen
1 Stange Lauch
2 Frühlingszwiebeln
250 g Kikkoman Tofu
1 l Gemüsebrühe
150 g Glasnudeln
Salz
5 EL Kikkoman Soja-Sauce
2 Spritzer Tabasco

1. Pilze in kochendes Wasser geben und etwa 1 Stunde quellen lassen.
2. Geschälte, gewaschene Möhre und Bambussprossen in Streifen schneiden.
3. Lauch und Frühlingszwiebeln putzen, waschen und in Ringe schneiden.
4. Tofu würfeln. Pilze abgießen und kleinschneiden.
5. Gemüse und Pilze in der kochenden Brühe etwa 5 Minuten garen.
6. Glasnudeln in genügend kochendem Salzwasser ca. 5 Minuten ziehen lassen, abgießen und mit der Schere zerkleinern.
7. Nudeln und Tofu in die Suppe geben, 3 Minuten ziehen lassen.
8. Suppe mit Soja-Sauce und Tabasco abschmecken.

MÖHREN-ZUCCHINI-EINTOPF MIT TOFU

350 g Möhren
500 g Zucchini
½ Bund Frühlingszwiebeln
6 EL Öl
½ l Gemüsebrühe
300 g Tofu
Salz, Pfeffer aus der Mühle
1 Bund Petersilie

1. Gemüse putzen und waschen.
2. Möhren und Zucchini in Scheiben, Frühlingszwiebeln in Ringe schneiden.
3. Die Hälfte des Öls in einem Topf erhitzen, das Gemüse darin andünsten, mit Gemüsebrühe ablöschen und 20 Minuten garen.
4. Den Tofu in kleine Würfel schneiden und im restlichen erhitzten Öl rundum knusprig braun braten. Zum Gemüse geben.
5. Eintopf mit Salz und Pfeffer abschmecken. Gehackte Petersilie darüber streuen und servieren.

FEUERTOPF

2 Zwiebeln
2 grüne Paprikaschoten
4 EL Öl
2 Chilischoten
1 EL Senf- und Pfefferkörner
1 Dose Tomaten
1 kleine Dose Mais
1 Dose rote Bohnen
Salz, Pfeffer aus der Mühle
2 TL Tomatenmark
Tabasco
1 Prise Cayennepfeffer
300 g Kikkoman Tofu
frisch geriebene Muskatnuß
1 Ei und Paniermehl

1. Zwiebeln abziehen und würfeln. Paprikaschoten putzen, waschen und in Streifen schneiden.
2. Die Hälfte des Öls erhitzen, Zwiebeln, Paprikaschoten, entkernte, gehackte Chilischoten, Senf- und Pfefferkörner hineingeben und andünsten.
3. Tomaten mit Flüssigkeit, abgegossenen Mais und Bohnen zufügen, 30 Minuten köcheln lassen.
4. Brühe aufgießen und alles nochmals durchkochen. Mit Salz, Pfeffer, Tomatenmark, Tabasco und Cayennepfeffer abschmecken.
5. Tofu zerdrücken und mit Salz, Pfeffer und Muskat würzen.
6. Bällchen aus der Masse formen und zuerst in verschlagenem Ei, dann in Paniermehl wälzen. Im restlichen Öl rundherum anbraten.
7. Die Bällchen in die Suppe geben und kurz ziehen lassen.

GAZPACHO

4 Scheiben Toastbrot
2 Salatgurken
4 Fleischtomaten
2 Paprikaschoten
1 Zwiebel
2 Knoblauchzehen
200 g Tofu
½ l Tomatensaft
3 EL Rotweinessig
4 EL Olivenöl
1 TL Salz
1 hartgekochtes Ei
1–2 EL Butter

1. Zwei Scheiben Toastbrot in lauwarmem Wasser einweichen.
2. Die Salatgurken waschen und schälen, eine halbe Gurke für die Garnierung zurücklassen.
3. Drei Tomaten häuten, eine Paprikaschote halbieren, entkernen. Zwiebel und Knoblauch schälen.
4. Toastbrot ausdrücken. Vorbereitetes Gemüse, Tofu, Zwiebeln und Knoblauch grob zerkleinern. In einen Topf geben.
5. Tomatensaft, Essig, Öl und Salz zufügen. Alles erhitzen und nochmals abschmecken.
6. Die restlichen Gemüse putzen und fein würfeln. Das Ei schälen und ebenfalls würfeln. Restliches Toastbrot würfeln.
7. Butter in einer Pfanne zerlassen und die Brotwürfel darin goldbraun rösten.
8. Die heiße Suppe portionieren und mit den vorbereiteten Zutaten garnieren.

BORSCHTSCH

300 g Rote Bete
1 Bund Suppengrün
150 g Weißkohl
1 Zwiebel
150 g Kartoffeln
2 EL Öl
1 l Gemüsebrühe
1 Knoblauchzehe
1 Lorbeerblatt
2 Nelken
1 TL Kümmel
4 Tomaten
Salz, Pfeffer aus der Mühle
3 EL Obstessig
200 g Tofu

1. Rote Bete schälen, Suppengrün putzen und waschen, beides würfeln.
2. Die welken Blätter vom Weißkohl entfernen. Zwiebel abziehen. Beides in Streifen schneiden. Kartoffeln schälen und würfeln.
3. Öl erhitzen, Zwiebeln darin andünsten, das übrige Gemüse zugeben und kurz anschmoren.
4. Brühe aufgießen, die durchgepreßte Knoblauchzehe und die Gewürze zugeben, alles ca. 30 Minuten kochen lassen.
5. Tomaten überbrühen, häuten und würfeln. 10 Minuten vor Ende der Garzeit zufügen, mit Kräutersalz, Pfeffer und 2 Eßlöffeln Obstessig abschmecken.
6. Tofu mit restlichem Obstessig pürieren und vor dem Anrichten unter den Borschtsch heben. Sofort servieren.

ROSENKOHL-MÖHREN-EINTOPF

500 g Rosenkohl
500 g Möhren
250 g Kartoffeln
2 Zwiebeln
2 EL Butter
1 l Gemüsebrühe
200 g Tofu
Salz, Pfeffer aus der Mühle
frisch geriebene Muskatnuß
2 EL gehackte Haselnüsse

1. Rosenkohl putzen. Möhren und Kartoffeln schälen und in Scheiben, Zwiebeln abziehen und in Ringe schneiden.
2. Butter erhitzen, Zwiebelringe darin glasig dünsten, Rosenkohl, Möhren und Kartoffeln zugeben und alles kurz anschwenken.
3. Gemüse mit Brühe auffüllen und ca. 20 Minuten garen.
4. Tofu pürieren und unter den Eintopf rühren. Mit Salz, Pfeffer und Muskat abschmecken.
5. Vor dem Servieren den Eintopf mit gehackten Nüssen bestreuen.

GRÜNKERN-SUPPE MIT TOFU

150 g Grünkernschrot
2 l Gemüsebrühe
200 g Tofu
¼ l Sahne
Salz, Pfeffer aus der Mühle
frisch geriebene Muskatnuß
gehackter Kerbel

1. Grünkernschrot in 1½ Litern Brühe ca. 1 Stunde quellen lassen.
2. Tofu würfeln oder in Streifen schneiden. In die restliche Brühe legen und ca. 1 Stunde darin ziehen lassen.
3. Grünkernschrot mit der Brühe ca. 1½ Stunden köcheln lassen.
3. Sahne zugeben, Suppe mit Salz, Pfeffer und Muskat abschmecken. Tofu mit der Marinierbrühe unterheben und die Suppe noch einmal erhitzen.
4. Mit Kerbel bestreut anrichten.

FERNÖSTLICHER NUDELEINTOPF

2 Möhren
1 kleine Dose Sojasprossen
150 g Bambussprossen (aus der Dose)
1½ l Gemüsebrühe
200 g Muschelnudeln
1 Knoblauchzehe
6 EL Kikkoman Soja-Sauce
⅛ l trockener Weißwein
einige Tropfen Tabasco
200 g Tofu

1. Möhren schälen und in Streifen schneiden. Soja- und Bambussprossen abtropfen lassen. Bambussprossen ebenfalls streifig schneiden.
2. Gemüsebrühe zum Kochen bringen und die Nudeln hineingeben, aufkochen lassen. Gemüse zufügen und alles ca. 6 Minuten garen.
3. Suppe mit durchgepreßtem Knoblauch, Soja-Sauce, Wein und Tabasco würzen.
4. Tofu in Würfel schneiden, in die Suppe geben und alles kurz nochmal erhitzen.

CHINAKOHL-EINTOPF

1 Chinakohl
2 Zwiebeln
250 g Tomaten
250 g Kartoffeln
40 g Butter
300 g Tofu
2 EL Tomatenmark
2 TL Öl
Salz, Pfeffer aus der Mühle
italienische Kräutermischung

1. Chinakohl putzen, den Kopf halbieren, Strunk herausschneiden, Kohl waschen und in schmale Streifen schneiden.
2. Zwiebeln abziehen und fein würfeln. Tomaten überbrühen, häuten und in Scheiben schneiden. Kartoffeln schälen, waschen und in Würfel schneiden.
3. Butter in einem hohen Topf zerlassen, Zwiebeln darin anbraten, Tomaten und Kartoffeln zugeben.
4. Mit Wasser auffüllen, so daß alles knapp bedeckt ist und 20 Minuten dünsten lassen. Kohlstreifen zufügen und alles weitere 10 Minuten dünsten, mit Salz, Pfeffer und Tomatenmark abschmecken.
5. Öl in eine Pfanne geben und den zerbröselten Tofu darin goldbraun rösten, mit Pfeffer, Salz und Kräutern würzen, unter das Gemüse heben und servieren.

KARTOFFEL-CREMESUPPE

500 g Kartoffeln
Salz
1 Stange Lauch
20 g Butter
¾ l Milch
150 g Sahne
150 g Kikkoman Tofu
Pfeffer aus der Mühle
Paprikapulver oder Currypulver

1. Kartoffeln schälen, waschen, würfeln und in Salzwasser ca. 20 Minuten garen.
2. Lauch putzen, waschen und in Ringe schneiden. In erhitzter Butter weich dünsten.
3. Kartoffeln abgießen. Mit Milch, Sahne und zwei Dritteln des Tofus pürieren. Alles zu einer cremigen Suppe verschlagen.
4. Suppe mit Salz und Pfeffer pikant abschmecken, nochmals erhitzen und die Lauchringe zufügen.
5. Restlichen Tofu würfeln, in Paprika oder Curry wälzen und auf der Suppe verteilen.

HAFERFLOCKEN-TOFU-SUPPE

2 Bund Suppengrün
1 Zwiebel
30 g Butter
40 g Haferflocken
1 l Gemüsebrühe
1 Eigelb
2 EL Sahne
2 EL Kikkoman Soja-Sauce
1 Prise frisch gemahlene Muskatnuß
200 g Kikkoman Tofu

1. Suppengrün waschen, putzen und kleinschneiden. Zwiebel abziehen und würfeln.
2. Butter in einem hohen Topf erhitzen, Zwiebel glasig dünsten. Suppengrün zugeben und anschwenken.
3. Haferflocken zufügen und kurz mitdünsten.
4. Brühe aufgießen, aufkochen und ca. 10 Minuten leise köcheln lassen, bis die Suppe eine cremige Konsistenz hat.
5. Eigelb mit Sahne und etwas Suppe verquirlen und die Suppe mit der Mischung legieren (nicht mehr kochen lassen). Mit Soja-Sauce und Muskat abschmecken.
6. Tofu würfeln, als Einlage in die Suppe geben und kurz darin ziehen lassen.

MEXIKANISCHE MAISSUPPE

3 große Zwiebeln
2 EL Butterschmalz
500 g sehr reife Tomaten
1 Dose Maiskörner
Salz, Pfeffer aus der Mühle
Paprikapulver
1 Prise Cayennepfeffer
1 l Gemüsebrühe
250 g Tofu
2 Knoblauchzehen
1 EL Öl

1. Zwiebeln abziehen und würfeln. Schmalz in einem hohen Topf erhitzen und die Zwiebeln darin goldbraun braten.
2. Tomaten überbrühen, häuten, kleinschneiden und zu den Zwiebeln geben und kurze Zeit mitschmoren.
3. Abgetropfte Maiskörner und Gewürze zufügen, Brühe aufgießen und alles ca. 5 Minuten kochen lassen.
4. Tofu würfeln. Knoblauch abziehen und durchpressen.
5. Öl erhitzen, Tofu und Knoblauch darin braten. Vor dem Servieren in die Suppe geben.

KÖRNEREIN-TOPF MIT TOFU

je 50 g Weizen, Sesam, Leinsamen, Buchweizen
1 kleiner Blumenkohl
300 g Brokkoli
2 rote Zwiebeln
1 Dose Mais
150 g Kikkoman Tofu
½ l Gemüsebrühe
½ Flasche Ketchup
1–2 Knoblauchzehen
Salz, Pfeffer aus der Mühle
½ TL Currypulver
einige Spritzer Tabasco
1 EL Kikkoman Soja-Sauce

1. Weizen in reichlich Wasser ca. 8 Stunden einweichen.
2. Blumenkohl und Brokkoli putzen und in kleine Röschen teilen.
3. Zwiebeln abziehen und in Ringe schneiden. Mais gut abtropfen lassen. Tofu in Streifen schneiden. Brühe mit Ketchup in einem hohen Topf verrühren.
4. Knoblauchzehe abziehen und durchpressen. Mit den übrigen Gewürzen zur Brühe geben.
5. Eingeweichten, abgetropften Weizen und die übrigen Körner hineinstreuen und alles bei mittlerer Hitze ca. 35 Minuten garen.
6. Etwa 10 Minuten vor Ende der Garzeit das frische Gemüse und 5 Minuten später Mais und Tofu zu den Körnern geben. Eintopf nochmals pikant abschmecken und heiß servieren.

GRAUPEN-EINTOPF

20 g getrocknete schwarze Pilze
200 g Graupen
1 Bund Suppengrün
1 Zwiebel
1 EL Butter
1 l Gemüsebrühe
1 TL Majoran
150 g Tofu
2–3 EL Zitronensaft
Salz

1. Pilze ca. 2 Stunden einweichen, dann abgießen.
2. Graupen in reichlich Wasser etwa 20 Minuten garen, ebenfalls abgießen.
3. Suppengrün putzen, waschen und kleinschneiden. Zwiebel abziehen und würfeln.
4. Butter in einem hohen Topf erhitzen, Pilze, Suppengrün und Zwiebel darin andünsten.
5. Brühe aufgießen, Graupen zufügen, Suppe mit Majoran würzen und ca. 15 Minuten kochen lassen.
6. Tofu pürieren und unter den Eintopf rühren. Vor dem Servieren mit Zitronensaft und Salz abschmecken.

BALKANTOPF

1 Zwiebel
1 EL Butterschmalz
2 Möhren
¼ Sellerieknolle
1 Stange Lauch
1 rote Paprikaschote
1 l Gemüsesaft (Dose)
Salz, Pfeffer aus der Mühle
1 Dose rote Bohnen
1 kleine Dose Mais
200 g Kikkoman Tofu
1 Knoblauchzehe
4 EL Schmand oder Crème fraîche

1. Zwiebel abziehen und in Streifen schneiden. Schmalz in einem Topf erhitzen und die Zwiebel darin glasig dünsten.
2. Frisches Gemüse putzen und waschen. Möhren in Scheiben, Sellerieknolle in kleine Stücke, Lauch und Paprikaschote in Ringe schneiden. Zu der Zwiebel geben und kurz andünsten.
3. Gemüsesaft aufgießen, würzen und alles ca. 20 Minuten garen. 5 Minuten vor Ende der Garzeit abgetropfte Bohnen, Mais und in Würfel geschnittenen Tofu zugeben und erhitzen.
4. Abgezogenen Knoblauch in die Suppe pressen und mit Salz und Pfeffer abschmecken. Die Suppe auf Teller verteilen und mit je einem Eßlöffel Schmand garnieren.

TOFU – DAS FLEISCH DER HAUPTMAHLZEIT

Die Definition Hauptmahlzeit ist mit den geänderten Eßgewohnheiten heute eher strittig. Dennoch wird damit immer noch eine warme Mahlzeit bezeichnet, die alle Bestandteile dessen enthalten soll, was der Körper täglich braucht. Also Eiweiß, Fett, Kohlenhydrate, Vitamine und Mineralstoffe.

Tofu ist, wie alle Soja-Produkte, einer der wenigen Eiweißlieferanten, die auf rein pflanzlicher Basis einen vollwertigen Fleischersatz bieten. Dazu ist Tofu kalorien- und cholesterinarm.

Dank seiner geschmacklich neutralen Basis findet Tofu Verwendung in einer Vielzahl der herrlichsten Gerichte. Ob als Frikadelle, in einem Risotto, einem Ragout, einem Gratin oder in Gemüse gefüllt – der Phantasie sind keine Grenzen gesetzt.

In vielen Ihrer gewohnten Hauptmahlzeiten können Sie also Fleisch durch Tofu ersetzen.

TOFU-WÜRFEL SÜSS-SAUER

Rezept für 3 Portionen
250 g Kikkoman Tofu
1 TL Tabasco
3 EL Kikkoman Soja-Sauce
3 Zwiebeln
1 grüne Paprikaschote
1 große Möhre
150 g Ananasstücke (Dose)
100 g Bambussprossen (Dose)
100 g Sojasprossen (Dose)
Sauce
0,2 l Wasser
4 EL Zucker
4 EL Weinessig
2 EL Tomatenketchup
2 EL Speisestärke
Salz
Kikkoman Soja-Sauce

1. Den Tofu in Würfel schneiden und in der Mischung aus Soja-Sauce und Tabasco ca. ½ Stunde marinieren.
2. Die abgezogenen Zwiebeln in dünne Scheiben, geputzte Paprikaschote in feine Streifen und Möhre in kleine Stifte schneiden.
3. Gemüse in kochendem Wasser 5 Minuten blanchieren, abschrekken und abtropfen lassen.
4. Ananas, Bambussprossen und Sojasprossen abtropfen lassen. Mit dem restlichen Gemüse und dem marinierten Tofu in einem Topf mischen.
5. Für die Sauce Wasser, Zucker, Essig und Tomatenketchup zum Kochen bringen. Mit der angerührten Speisestärke binden. Zum Schluß mit Salz und Soja-Sauce abschmecken.
6. Sauce über die Tofuwürfel und das Gemüse geben, alles nochmals vorsichtig erhitzen und dann gleich servieren.

GEMÜSERISOTTO MIT TOFU

200 g Naturreis
2 große Zwiebeln
2 Knoblauchzehen
3 EL Olivenöl
je 1 rote und gelbe Paprikaschote
2 Tomaten
10 schwarze Oliven
schwarzer Pfeffer aus der Mühle
3 EL Soja-Sauce
100 g Tofu
1 Bund Petersilie
1 Handvoll Kerbel

1. Reis in reichlich Wasser ca. 35–40 Minuten körnig kochen, dann abgießen und gut abtropfen lassen.
2. Zwiebeln und die Knoblauchzehen schälen und fein hacken. Das Olivenöl in einer weiten Pfanne erhitzen. Zwiebeln darin glasig werden lassen.
3. Die Paprikaschoten waschen, halbieren, Kerne und Stielansätze entfernen, die Hälfte in feine Streifen scheiden. Zusammen mit dem Knoblauch zu den Zwiebeln geben und mitdünsten.
4. Die Tomaten überbrühen, häuten und in kleine Stücke schneiden.
5. Tomatenstücke und halbierte, entsteinte Oliven in die Pfanne geben, 3–4 Minuten mitgaren.
6. Sobald der austretende Gemüsesaft etwas eingekocht ist, den trockenen Reis einrühren, alles mit frisch gemahlenem schwarzen Pfeffer und Soja-Sauce würzen.
7. Den Reis im Gemüse heiß werden lassen.
8. Den Tofu zerbröckeln. Die Kräuter waschen und fein hacken, mit dem Tofu vermischen.
9. Den Gemüsereis in eine feuerfeste Form geben, mit dem Kräutertofu bestreuen und 10 Minuten unter den heißen Grill schieben.

TOFU-KRABBEN-FRIKADELLEN

Frikadellen
1 Zwiebel
100 g Krabben (aus der Dose)
300 g Kikkoman Tofu
60 g Paniermehl
1 Ei
1 EL gehackte Petersilie
1 TL Paprikapulver
Salz, Pfeffer aus der Mühle
40 g Butterschmalz zum Braten
Reisbällchen
40 g Butter
1 Zwiebel
200 g Patna-Reis
600 ml Gemüsebrühe
1 EL gehackte Petersilie
Gemüse
1 Packung TK-Chinagemüse
30 g Butter
1 EL Kikkoman Soja-Sauce
Dill zum Garnieren

1. Zwiebel schälen, fein hacken. Krabben abtropfen lassen.
2. Tofu pürieren, mit Krabben (einige zum Verzieren zurücklassen), Paniermehl, Ei und Petersilie vermischen, mit Paprikapulver, Salz und Pfeffer abschmecken.
3. Frikadellen formen. In einer Pfanne in erhitztem Schmalz von beiden Seiten braten. Warmhalten.
4. Für die Reisbällchen Butter erhitzen, abgezogene, feingehackte Zwiebel darin anbraten, Reis zufügen, andünsten und mit Brühe auffüllen. Bei geringer Hitze ca. 20 Minuten quellen lassen (bis keine Flüssigkeit mehr vorhanden ist). Petersilie unterheben.
5. Chinagemüse in Butter anschwitzen und mit Soja-Sauce, Salz und Pfeffer würzen.
6. Die Frikadellen fächerartig aufschneiden, auf Tellern anrichten, mit den restlichen Krabben und Dill garnieren.
7. Aus dem Reis mit zwei Löffeln Kugeln ausstechen und mit dem Chinagemüse zu den Frikadellen servieren.

GEMÜSE-FRIKADELLEN MIT TOFU

250 g Tofu
150 g Kohlrabi
100 g Möhren
100 g Lauch
1 Knoblauchzehe
1 Zwiebel
1 Ei
20 g gemischte TK-Kräuter
1 EL Soja-Sauce
Paniermehl
Salz, Pfeffer aus der Mühle
Butter zum Braten

1. Tofu fein pürieren. Kohlrabi und Möhren schälen, fein raspeln, Lauch putzen, waschen und in hauchdünne Ringe schneiden.
2. Zwiebel und Knoblauch abziehen, fein würfeln, beides mit dem Gemüse zum Tofu geben.
3. Mit Ei, Kräutern, Soja-Sauce und soviel Paniermehl vermischen, daß ein fester Teig entsteht, dann mit den Gewürzen abschmecken.
4. Kleine Frikadellen formen und diese in erhitztem Fett von beiden Seiten knusprig braten. Mit Reis oder Glasnudeln und Soja-Sauce servieren.

GEFÜLLTE TOMATEN

12 kleine Tomaten
ca. ½ l Gemüsebrühe
125 g Naturreis
1 Zwiebel
4 EL Öl
2 EL gehackte Petersilie
1 TL Paprikapulver edelsüß
150 g Gouda
100 g Tofu
Butter für die Form
je 2 EL Wasser und Weißwein
½ TL getrockneter Thymian
1 Knoblauchzehe
Salz, 10 g Butterflöckchen

1. Tomaten waschen, Deckel abschneiden und die Tomaten mit einem Teelöffel aushöhlen.
2. Gemüsebrühe zum Kochen bringen. Den Reis dann zugedeckt 35–40 Minuten quellen lassen. Zwiebel schälen, fein hacken, in heißem Öl glasig dünsten.
4. Petersilie, Paprika, in Würfel geschnittenen Käse, zerdrückten Tofu und gedünstete Zwiebel unter den Reis mischen. Tomaten damit füllen.
5. Backofen auf 200°C vorheizen. Die gefüllten Tomaten in eine gebutterte Auflaufform setzen, Wasser und Wein angießen. Thymian, geschälte Knoblauchzehe, Salz und Pfeffer in den Sud geben.
6. Butterflöckchen auf die Tomaten setzen. Form abdecken und die Tomaten ca. 20 Minuten garen.

TOFU-BRATLINGE

200 g Grünkern
400 ml Wasser
100 g Tofu
2 Kartoffeln
½ Zucchini
1 Bund gemischte Kräuter
1 Ei
Mehl
Salz, Pfeffer aus der Mühle,
Worcestersauce
Butterschmalz zum Braten

1. Den Grünkern mittelfein mahlen und 1 Stunde in Wasser ausquellen lassen. Das Wasser sollte ganz aufgesogen sein.
2. Den Tofu in kleine Würfel schneiden, die Kartoffeln auf der Rohkostscheibe raffeln und gut abtropfen lassen.
3. Zucchini in feine Streifen schneiden; die Kräuter hacken.
4. Alle vorbereiteten Zutaten miteinander vermischen, das verquirlte Ei untermischen und so viel Mehl hinzufügen, bis sich aus der Masse gut Bratlinge formen lassen. Die Mischung mit Salz, Pfeffer und Worcestersauce abschmecken.
5. Bratlinge daraus formen und diese in der Pfanne in heißem Schmalz auf beiden Seiten goldbraun braten.
Mit gedünstetem Sauerkraut oder jungem Wirsing servieren.

TOFU-GEMÜSE-TERRINE

4 große Möhren
200 g grüne Bohnen
1 große Zucchini
3 EL Kikkoman Soja-Sauce
2 EL Orangensaft
Pfeffer aus der Mühle, Curry
Tofu-Creme
300 g Kikkoman Tofu
75 g Crème fraîche
150 g Sahne
1 EL Kikkoman Soja-Sauce
1 TL Curry
Cayennepfeffer
grober Pfeffer
1 TL Salz
14 Blatt weiße Gelatine

1. Möhren schälen, in Stücke schneiden.
2. Bohnen waschen und putzen, Zucchini waschen und in Scheiben schneiden. Gemüse getrennt bißfest, bis weich garen.
3. Das Gemüse in einer Mischung aus Sojasauce, Orangensaft, Pfeffer und Curry etwa 1 Stunde marinieren.
4. Für die Creme Tofu mit Crème fraîche, Sahne und Soja-Sauce verrühren, mit den Gewürzen fein abschmecken.
5. Nach Vorschrift eingeweichte und aufgelöste Gelatine unter die Tofucreme ziehen.
6. Gemüse aus der Marinade nehmen, gut abtropfen lassen und schichtweise mit der Tofu-Creme in eine mit kaltem Wasser ausgespülte Terrine füllen.
7. In 4–6 Stunden im Kühlschrank fest werden lassen.

Die Terrine in Scheiben geschnitten als leichtes Abendessen mit einem gemischten Salat servieren. Dazu paßt eine feurige Currysauce oder ein Chutney.

TOFU-KRÄUTER-QUICHE

Teig
250 g Mehl
100 g Butter
1 Ei
50 g geriebener Käse
Salz, Pfeffer aus der Mühle
Fett für die Form
Füllung
300 g Tofu
1 Gemüsezwiebel
30 g Butter
1 Bund gemischte Kräuter
150 g Joghurt
2 Eier
Salz, Pfeffer aus der Mühle

1. Aus Mehl, Butter, Ei, Käse und Gewürzen einen Mürbeteig herstellen.
2. Springform (26 cm Durchmesser) ausfetten. Teig ausrollen und die Form damit auskleiden, dabei einen Rand formen. Ausgekleidete Form 1 Stunde kaltstellen.
3. Für die Füllung Tofu würfeln, Zwiebel schälen und in Ringe schneiden.
4. Butter erhitzen, Zwiebel und Tofu darin andünsten.
5. Kräuter waschen, trocknen und grob hacken. Kurz mit dem Tofu dünsten und vermischen.
6. Joghurt und Eier verquirlen, mit Salz und Pfeffer abschmecken.
7. Den Mürbeteigboden im Backofen 15 Minuten bei 200 °C vorbacken.
8. Das Gemüse und den Tofu auf den Boden geben und die Ei-Joghurt-Masse daraufgießen.
9. Die Quiche in den Backofen geben und 25–30 Minuten bei 200 °C fertigbacken.

TOFU-GESCHNETZELTES

300 g Kikkoman Tofu
Salz, Pfeffer aus der Mühle
40 g Mehl
2 EL Öl
30 g Butter
3/8 l Gemüsebrühe
1/8 l trockener Weißwein
1 EL Tomatenmark
Käuter der Provence
1 Knoblauchzehe
5 schwarze Oliven
2 Paprikaschoten
1 kleine Dose Pilze

1. Tofu in breite Streifen schneiden, salzen, pfeffern und in etwas von dem Mehl wälzen.
2. Öl in der Pfanne erhitzen und die Tofustreifen darin goldbraun braten. Tofustreifen herausnehmen und zur Seite stellen.
3. Butter im Topf erhitzen, restliches Mehl hineinrühren und anschwitzen lassen. Mit der Brühe unter ständigem Rühren ablöschen. Die Sauce aufkochen lassen und den Wein angießen.
4. Mit Tomatenmark, Salz, Pfeffer, Kräutern und durchgepreßtem Knoblauch abschmecken.
5. Gehackte schwarze Oliven in die Sauce geben und ziehen lassen.
6. Paprika halbieren, den Samenstrunk herausschneiden, waschen und abtropfen lassen, dann in schmale Streifen schneiden und in der Sauce garen.
7. Pilze abtropfen lassen und ebenfalls in der Sauce erhitzen.
8. Vor dem Servieren die Tofustreifen in die Sauce geben.
Dazu passen körnig gekochter Reis oder Salzkartoffeln.

PROVENZALISCHES GEMÜSE

250 g Aubergine
250 g Zucchini
250 g grüne Paprikaschoten
2 Zwiebeln
2 Knoblauchzehen
500 g Fleischtomaten
6 EL Olivenöl
⅛ l Weißwein
Kräuter der Provence,
Salz, Pfeffer aus der Mühle
1 Prise Zucker
300 g Tofu
Thymianblättchen

1. Aubergine, Zucchini und Paprika waschen, putzen und in Würfel schneiden. Zwiebeln und Knoblauchzehen abziehen und fein hakken. Die Tomaten überbrühen, häuten, dabei die Stielansätze entfernen und grob würfeln.
2. Die Hälfte des Öls erhitzen, Zwiebeln und Knoblauch darin glasig dünsten. Gemüse hinzufügen und unter Wenden schmoren.
3. Mit Weißwein ablöschen und mit den Gewürzen abschmecken. Ca. 30 Minuten bei milder Hitze zugedeckt köcheln lassen.
4. In der Zwischenzeit den Tofu in Streifen schneiden und im restlichen Öl in einer Pfanne rundum knusprig braun braten.
5. Kurz vor Ende der Garzeit zum Gemüse geben.
6. Eintopf mit Thymian garnieren. Dazu paßt Baguette oder Reis.

BROKKOLI-KARTOFFEL-GRATIN

500 g Brokkoli
Salz
500 g Kartoffeln
2 Zwiebeln
300 g Tofu
2 EL Öl
Butter für die Form
Pfeffer aus der Mühle
frisch geriebene Muskatnuß
¼ l Milch
0,1 l Gemüsebrühe
60 g geriebener Käse
3 EL Semmelbrösel

1. Brokkoli waschen, putzen und in Röschen zerteilen. In Salzwasser etwa 10 Minuten garen.
2. Die Kartoffeln waschen, in der Schale garkochen, schälen und in Scheiben schneiden.
3. Zwiebeln in feine Ringe, Tofu in Scheiben schneiden.
4. Das Öl erhitzen, die Zwiebeln darin glasig dünsten, den Tofu kurz mitbraten.
5. Backofen auf 200 °C vorheizen. Eine Auflaufform mit Butter ausfetten. Kartoffeln, Brokkoli und Tofu-Zwiebel-Mischung mit Salz, Pfeffer und Muskat würzen, einschichten und mit Milch und Gemüsebrühe aufgießen.
6. Käse und Semmelbrösel über das Gratin streuen. Im Backofen 30 Minuten überbacken.

TOFU-OMELETT MIT GEMÜSE

Rezept für 1 Portion
100 g Tofu
1 Ei
Salz, Soja-Sauce
Pfeffer aus der Mühle
1 Prise Zucker
evtl. einige EL Milch
Öl zum Backen
Gemüse
100 g Möhrenstreifen
100 g Sojabohnenkeime
100 g rote und grüne Paprikastreifen
100 g Lauchscheiben
2 EL Butter
Currypulver
Salz, Pfeffer aus der Mühle
Zucker
Ingwerpulver
Cayennepfeffer

1. Tofu mit Ei, Gewürzen und eventuell mit Milch zu einem Teig verrühren. Teig in erhitztem Öl von beiden Seiten zu einem hellen Omelett backen. Auf einen Teller gleiten lassen und warmhalten.
2. Gemüse in erhitzter Butter ca. 10 Minuten bißfest dünsten, mit den Gewürzen abschmecken.
3. Gemüse auf dem Omelett verteilen und dieses zusammenklappen.

TOFU-BÄLLCHEN AUF GEMÜSE

300 g Kikkoman Tofu
1 Päckchen gemischte TK-Kräuter
1 EL Sojasauce
2 EL Mehl
Salz, Pfeffer aus der Mühle
Tabasco
Paniermehl
Fett zum Fritieren
Gemüse
1 Bund Frühlingszwiebeln
1 Kohlrabi
300 g Möhren
200 g Brechbohnen
Salz
2 EL Butter
2 EL gehackte Petersilie

1. Tofu pürieren, gemischte Kräuter, Sojasauce und Mehl zufügen. Alles zu einer homogenen Masse verarbeiten und mit Salz, Pfeffer und Tabasco abschmecken.
2. Aus der Tofumasse Bällchen formen. Diese in Paniermehl wenden und in schwimmenden Fett goldbraun backen. Auf Küchenkrepp entfetten, warm stellen.
3. Das Gemüse putzen und waschen. Möhren und Kohlrabi schälen und in Stifte schneiden, Bohnen brechen.
4. Das Gemüse kurz in Salzwasser blanchieren und abtropfen lassen.
5. Die Butter in einer Pfanne erhitzen. Das Gemüse darin schwenken und abschmecken.
6. Das Gemüse auf vorgewärmte Teller verteilen, mit Petersilie bestreuen und die Tofubällchen darauf legen.

TAGLIATELLE MIT TOMATEN-TOFU-SAUCE

Rezept für 2 Portionen
1 Zwiebel
1 Knoblauchzehe
1 Möhre
2 EL Öl
1 kleine Dose geschälte Tomaten
0,1 l Rotwein
0,1 l Gemüsebrühe
300 g Tofu
2 EL gehacktes Basilikum
250 g grüne Tagliatelle
Salz, Pfeffer aus der Mühle
Tomatenmark

1. Zwiebel und Knoblauch abziehen, Möhre schälen und alles fein würfeln.
2. Öl in einer Pfanne erhitzen und das vorbereitete Gemüse darin andünsten.
3. Die abgetropften Tomaten zufügen. Gemüse mit Rotwein und Gemüsebrühe ablöschen. Zugedeckt bei geringer Hitze ca. 30 Minuten köcheln lassen. Ab und zu umrühren.
4. Kurz vor Ende der Garzeit den zerbröselten Tofu und das Basilikum zugeben.
5. Inzwischen die Nudeln in Salzwasser bißfest kochen, abgießen und warmhalten.
6. Sauce mit Salz, Pfeffer und Tomatenmark abschmecken und zu den Tagliatelle servieren.

MAULTASCHEN MIT TOFU

Füllung
200 g Mangold
200 g Spinat
50 g Sauerampfer
50 g Frühlingszwiebeln
Salz
einige frische gehackte Borretschblätter
1 Zwiebel
50 g Butter
200 g Tofu
Pfeffer aus der Mühle
frisch geriebene Muskatnuß
gehackte Petersilie und Schnittlauch
Teig
2 Eier
1 TL Salz
200 g Mehl
Mehl zum Ausrollen

1. Für die Füllung Mangold, Spinat, Sauerampfer und Frühlingszwiebeln putzen, waschen, in Salzwasser kurz blanchieren, abgießen und leicht ausdrücken.
2. Alles zusammen mit den Borretschblättern sehr fein hacken und mit der gewürfelten Zwiebel in erhitzter Butter dünsten.
3. Mit zerbröseltem Tofu, den Gewürzen und den Kräutern gründlich vermengen. Füllung beiseite stellen.
4. Für den Teig die Eier mit dem Salz leicht verquirlen, in das Mehl eine Mulde drücken, die Eier hineingeben und von der Mitte aus mit dem Mehl gut verkneten. So lange mit beiden Händen kräftig durchmischen, bis der Teig glatt und leicht glänzend wird. Eventuell etwas Wasser zufügen.
5. Den Teig ca. 20 Minuten in ein feuchtes Tuch einwickeln und ruhen lassen.
6. Den Teig messerdick auf einer bemehlten Fläche ausrollen und daraus Rechtecke ausradeln.
7. Die Gemüse-Tofu-Füllung in eine Hälfte eines Rechteckes legen, die Ränder anfeuchten, die andere Hälfte darüberklappen und die Ränder gut festdrücken.
8. Die Maultaschen in reichlich kochendem Salzwasser 15–18 Minuten garen, dann mit der Schaumkelle herausheben und anrichten.

TIP Dazu paßt eine würzige Tomatensauce und frisch geriebener Parmesan.

TOFU – ALS KRÖNENDER ABSCHLUSS

Die deutsche Übersetzung von Tofu heißt »Sojaquark«, und genauso vielseitig wie Quark läßt sich Tofu in der Dessertküche verwenden. Aufgeschlagen mit etwas Milch oder Sahne ist er eine eiweißreiche Zugabe zu Obst. Mit Fruchtmus vermischt oder mit Nüssen und Mandeln durchzogen erfreut er als Nachtisch oder als Zwischenmahlzeit. Auch im Büro oder zum Sport sind mit Tofu zubereitete Fruchtspeisen ideale Begleiter. Verlorengegangene Energie ist damit schnell wieder aufgefrischt.

Eine fruchtige Charlotte oder ein feiner Strudel mit Tofu sind ebenso verführerisch wie eine Füllung für Eierkuchen. Etwas ganz Besonderes finden Sie in diesem Rezeptteil: ein Tofu-Eis, herrlich locker und frisch – mit wenig Kalorien, aber mit viel Geschmack. Ein beliebtes Dessert für alle, die kalorienbewußt leben, aber auf Süßigkeiten nicht verzichten wollen.

TOFU MIT FRÜCHTEN

250 g Kikkoman Tofu
2 EL Honig
0,1 l Sahne
1 EL Orangenlikör
1 TL Zitronensaft
bunte Früchte der Saison

1. Tofu mit Honig, Sahne, Likör und Zitronensaft in eine Schüssel geben und pürieren.
2. Creme in der Mitte eines großen Tellers häufen.
3. Frische Früchte je nach Jahreszeit (z.B Kap-Stachelbeeren, Birnen, Karambolas, Bananen, gelbe Pflaumen, Mangos und Johannisbeeren) vorbereiten, um die Creme legen und servieren.

TOFU-KARAMEL-CREME

75 g Zucker
75 ml heißes Wasser
250 g Tofu
50 g Crème fraîche
1 Vanilleschote
Haselnußkrokant

1. Zucker in einem Topf bei milder Hitze karamelisieren. Mit heißem Wasser ablöschen.
2. Tofu mit Crème fraîche glattrühren. Vanilleschote aufschlitzen, das Mark ausschaben und mit dem Karamel zum Tofu geben.
3. Creme in Gläser füllen und mit Haselnußkrokant garnieren. Im Kühlschrank mindestens zwei bis drei Stunden durchkühlen lassen.

BRATÄPFEL MIT TOFU-NUSS-FÜLLUNG

4 mittelgroße Äpfel
Saft einer Zitrone
100 g Tofu
2 EL gehackte Mandeln
2 EL gehackte Walnüsse
3 EL Rosinen
2 EL Zucker
2 EL Rum
Butter

1. Äpfel waschen, Kerngehäuse mit einem Ausstecher großzügig ausstechen und die Äpfel mit Zitronensaft beträufeln.
2. Tofu mit einer Gabel fein zerteilen. Mit Mandeln, Walnüssen, Rosinen, Zucker und Rum vermengen. Den Backofen auf 180°C vorheizen.
3. Masse in die Äpfel füllen, Butterflöckchen daraufsetzen und in eine ausgefettete, feuerfeste Form setzen.
4. Im Backofen 10 bis 15 Minuten backen. Heiß servieren.

TOFU-EIS

150 g Tofu
150 g Joghurt
3–4 EL Honig
1 EL Zitronensaft
1 TL Zimt
75 g Sahne
100 g Johannisbeeren
1 Nektarine
1 Sträußchen Zitronenmelisse

1. Tofu mit Joghurt, Honig, Zitronensaft und Zimt glattrühren.
2. Sahne steif schlagen und locker unterheben.
3. Johannisbeeren verlesen und waschen, Nektarine würfeln und unter die Eismasse heben.
4. Im Gefrierfach gefrieren lassen.
5. Tofu-Eis portionieren und mit Zitronenmelisseblättchen garnieren.

TOFU-WAFFELN MIT RHABARBER-KOMPOTT

250 g Tofu
110 g weiche Butter
6 EL Wasser
100 g Honig
175 g Mehl
75 g gemahlene Mandeln
abgeriebene Schale 1 unbehandelten Zitrone
Butter zum Backen
Puderzucker
Kompott
600 g Rhabarber
4 EL Weißwein
75 g Honig
1 EL Zitronensaft
½ TL Zimt

1. Tofu mit Butter, Wasser und Honig pürieren.
2. Mehl und gemahlene Mandeln hinzufügen. Mit Zitronenschale würzen.
3. Teig ca. 30 Minuten kaltstellen.
4. Für das Kompott Rhabarber waschen, schälen und in Stücke schneiden.
5. Mit dem Weißwein etwa 10 Minuten nicht zu weich dünsten. Mit Honig, Zitronensaft und Zimt abschmecken.
6. Waffeleisen auf mittlerer Stufe vorheizen und mit Butter leicht einpinseln. Teig einfüllen und nacheinander goldgelbe Waffeln backen.
7. Waffeln leicht mit Puderzucker bestäuben und zum Kompott servieren.

APFEL-TOFU-DESSERT

4 Äpfel
¼ l Cidre
50 g Rosinen
Saft und abgeriebene Schale 1 unbehandelten Orange
2–3 EL Honig
Zimt, Nelkenpulver, Kardamom
50 g gemahlene Walnüsse
300 g Tofu
Fett zum Fritieren

1. Äpfel schälen, vierteln, Kerngehäuse entfernen und die Spalten würfeln.
2. Zusammen mit Cidre, Rosinen, Orangensaft, Honig und Gewürzen in einen Topf geben und auf kleiner Hitze 30 Minuten kochen. Die Apfelmischung abkühlen lassen und die gemahlenen Walnüsse unterrühren.
3. Tofu in Streifen schneiden und im heißen Fett kurz fritieren. Abtropfen, auf Küchenkrepp entfetten und abkühlen lassen.
4. Tofustreifen unter die Apfelmasse heben und das Dessert gut gekühlt servieren.

TOFU-WEIZEN-DESSERT

100 g Erdbeeren
100 g Himbeeren
100 g Brombeeren
100 g gekochter Weizen
300 g Kikkoman Tofu
Saft und Schale 1 unbehandelten Zitrone
3 EL Honig
50 g Mandelblättchen

1. Früchte verlesen und waschen. Mit dem gekochten Weizen mischen.
2. Tofu mit Zitronensaft, -schale und Honig glattrühren. Die Früchte-Weizen-Mischung locker unterheben.
3. Das Dessert in vier Gläser verteilen.
4. Mandelblättchen in einer trokkenen Teflonpfanne goldbraun rösten. Das Tofu-Weizen-Dessert damit garnieren.

APRIKOSEN-CHARLOTTE

2 Eigelb
100 g Honig
400 g Tofu
1 Vanilleschote
8 Blatt weiße Gelatine
4 EL Orangensaft
350 g Aprikosen (aus der Dose)
2 Eiweiß
ca. 14 Löffelbiskuits
2 EL Aprikosenlikör
30–50 g Sauerkirschen (aus der Dose)

1. Eigelb mit Honig schaumigschlagen.
2. Nach und nach den zerbröselten Tofu und das ausgeschabte Vanillemark zugeben.
3. Gelatine in kaltem Wasser einweichen. Orangensaft erhitzen und die Gelatine darin auflösen. Unter die Tofu-Creme rühren.
4. Aprikosen abtropfen lassen, in Spalten schneiden, ⅔ davon unter die gelierende Creme heben.
5. Eiweiß steifschlagen und ebenfalls unter die Creme heben.
6. Eine Form mit Löffelbiskuits auslegen. Diese mit Aprikosenlikör beträufeln.
7. Tofu-Aprikosen-Creme einfüllen und kaltstellen.
8. Nach 24 Stunden stürzen, mit Sauerkirschen belegen und mit den restlichen Aprikosenspalten verzieren. Mit Sahnetupfern und mit gehackten Pistazien garnieren.

TOFU-SCHOKOLADEN-CREME

100 g Vollmilch-Schokolade
100 g Zartbitter-Schokolade
250 g Tofu
1 Päckchen Vanillinzucker
50 g Puderzucker
200 g Williams-Birnen (aus der Dose)

1. Schokolade grob zerkleinern und im Wasserbad schmelzen.
2. Tofu mit Vanillin- und Puderzucker pürieren.
3. Die geschmolzene Schokolade unter die Tofu-Masse rühren.
4. Birnen abtropfen lassen und in Spalten schneiden. Auf vier Schälchen verteilen.
5. Die Tofu-Schokoladen-Creme darübergeben. Dessert 1–2 Stunden kaltstellen.

TOFU-MOCCA-CREME

9 Blatt Gelatine
3 EL Kaffeepulver
½ l Milch
3 Eigelb
150 g Zucker
200 g Tofu
250 g Sahne
Whisky

1. Gelatine in kaltem Wasser einweichen.
2. Kaffeepulver mit der Milch aufkochen.
3. Eigelb und Zucker verrühren, Tofu hineingeben und alles im Mixer pürieren.
4. Die heiße Kaffee-Milch zu der Masse geben.
5. Gelatine ausdrücken und unterrühren, Creme kaltstellen.
6. Die Sahne steifschlagen und vorsichtig unter die gerade gelierte Creme heben.
7. Die Creme nach Geschmack mit Whisky abschmecken und gut gekühlt servieren.

TOFU-KIRSCH-GRATIN

300 g Tofu
2 Eigelb
5 EL Puderzucker
½ Päckchen Vanillepuddingpulver
1 EL Rum
Schale 1 unbehandelten Zitrone
300 g entsteinte Kirschen
Butter zum Ausfetten
2 EL Semmelbrösel
2 Eiweiß

1. Tofu mit Eigelb, 4 Eßlöffeln Puderzucker, Vanillepuddingpulver und Rum schaumig schlagen. Mit der abgeriebenen Zitronenschale würzen.
2. Kirschen abtropfen lassen. Backofen auf 200°C vorheizen.
3. Eine Auflaufform mit Butter ausfetten, mit Semmelbröseln ausstreuen und die Kirschen einfüllen.
4. Eiweiß mit dem restlichen Puderzucker steifschlagen. Unter die Tofu-Masse heben und auf die Kirschen geben.
5. Im Backofen in 10–15 Minuten leicht bräunen lassen. Sofort in der Form servieren.

TOFU-HIMBEER-CREME

250 g Himbeeren
300 g Tofu
150 g Puderzucker
¼ l Weißwein
4 EL Crème fraîche
6 Blatt Gelatine
2 EL Pistazienkerne

1. Himbeeren verlesen, waschen und entstielen.
2. Mit Tofu, Puderzucker und Weißwein pürieren und durch ein Sieb streichen. Crème fraîche unterrühren.
3. Gelatine einweichen und in wenig Wasser bei schwacher Hitze auflösen. Unter die Tofu-Himbeer-Creme rühren.
4. Creme in vier Gläser füllen und im Kühlschrank erstarren lassen.
6. Vor dem Servieren mit gehackten Pistazien bestreuen.

SÜSSE TOFU-KLÖSSCHEN

250 g Tofu
1 Eigelb
4 EL Wasser
3 EL Zucker
1 Prise Salz
abgeriebene Schale 1 unbehandelten Zitrone
75 g Semmelbrösel
50 g Mehl
50 g gemahlene Mandeln
1 Eiweiß
1 Päckchen Vanillinzucker
zerlassene Butter
Zimt und Zucker zum Bestreuen

1. Tofu mit Eigelb, Wasser, Zukker und Salz pürieren. Mit Zitronenschale würzen.
2. Semmelbrösel, Mehl und Mandeln unterrühren.
3. Eiweiß mit Vanillinzucker steifschlagen und unter die Tofu-Masse heben.
4. Aus dem Teig mit zwei Eßlöffeln Klößchen formen und in siedendem Wasser ca. 15 Minuten garziehen lassen. Dann mit einem Schaumlöffel herausheben, abtropfen lassen und auf eine vorgewärmte Platte geben.
5. Die Klößchen mit zerlassener Butter begießen und mit Zimt und Zucker bestreuen.

Dazu paßt eine Johannisbeer- oder Aprikosensauce.

APFEL-TOFU-STRUDEL

Teig
350 g Mehl
100 ml lauwarmes Wasser
4 EL Öl
1 Prise Salz
Mehl zum Ausrollen
Butter für das Blech
50 g flüssige Butter zum Bepinseln
Puderzucker
Füllung
500 g säuerliche Äpfel
40 g Butter
70 g Rosinen
40 g gehackte Walnüsse
100 g Tofu
Saft 1 Zitrone
2–3 EL Honig
½ TL Zimt

1. Aus den Zutaten einen Strudelteig herstellen. Teig zum Ballen formen und die Oberfläche mit etwas Öl einpinseln. Ca. 30 Minuten ruhen lassen.
2. In der Zwischenzeit die Füllung zubereiten. Äpfel schälen, vierteln, Kerngehäuse entfernen und die Spalten würfeln.
3. Butter in einem Topf erhitzen und die Äpfel bei kleiner Hitze darin glasig schwitzen. Honig, gewaschene Rosinen und gehackte Walnüsse dazugeben.
4. Tofu mit Zitronensaft glattrühren und mit Zimt würzen. Unter die Äpfel heben. Backofen auf 200°C vorheizen.
5. Strudelteig zu einem Rechteck ausrollen und über einem leicht bemehlten Küchentuch hauchdünn ausziehen.
6. Apfel-Tofu-Masse darauf verteilen und den Teig mit Hilfe des Tuches zusammenrollen. Ränder gut verschließen und den Strudel auf das gefettete Backblech legen.
7. Teigoberfläche mit der flüssigen Butter bestreichen. Strudel 25–30 Minuten auf der mittleren Schiene backen.
8. Strudel aus dem Ofen nehmen, mit Puderzucker bestäuben und noch lauwarm servieren.

Dazu paßt eine Vanille- oder Weinschaumsauce.

FLORENTINER OBSTSALAT

500 g frische Früchte
(z. B. Birnen, Kirschen, Pfirsiche, Erdbeeren, Mirabellen)
3 EL Zucker
Saft 1 Orange
Saft 1 Zitrone
4 cl Maraschino
100 g Walnußkernhälften
250 g Tofu
2 Päckchen Vanillinzucker

1. Früchte vorbereiten, eventuell kleinschneiden.
2. Früchte zuckern, mit Orangen-, Zitronensaft und Maraschino marinieren.
3. Obstsalat gut durchziehen lassen, in einer Schale anrichten und mit den Walnußkernen bestreuen.
4. Tofu und Vanillinzucker verschlagen, eventuell mit etwas Wasser oder Sahne verdünnen.
5. Obstsalat auf Schalen verteilen und die Tofu-Creme daraufgeben.

TOFU-CREME MIT TROCKEN-FRÜCHTEN

250 g Tofu
⅛ l Orangensaft
2–3 EL Honig
50 g getrocknete Aprikosen
50 g getrocknete Pflaumen
50 g Datteln
50 g Rosinen
75 g gehackte Haselnüsse

1. Tofu mit Honig und Orangensaft pürieren.
2. Aprikosen, Pflaumen und Datteln fein würfeln. Rosinen waschen und abtropfen lassen.
3. Trockenfrüchte und Haselnüsse unter die Tofu-Creme heben.

Dessert gut gekühlt servieren.

TOFU – ETWAS BESONDERES FÜR GÄSTE

Auch wenn Tofu sich noch nicht voll in der Alltagsküche etabliert hat, so ist er auf jeden Fall eine neue Attraktion für Gäste. Tofu macht auch vor der Gourmetküche nicht halt und bietet die Gelegenheit, Ihren Gästen eine bewußte, gesunde und dabei genußreiche Speise zu servieren.

Artischocken mit Tofu versprechen einen neuen Genuß, und eine saftige Tofu-Pizza ist schnell beliebt bei jungen Leuten. Tofu-Creme mit Krabben oder ein mit Tofu gefülltes Baguette ist nicht nur schnell gemacht, sondern auch ein besonders leckerer Spaß für Gäste.

Wer zu Hause bewußt lebt und cholesterinarm kocht, sollte auch seinen Gästen die neue Qualität dieses Lebensstils nicht vorenthalten. Laden Sie Ihre Freunde zu einer Tofu-Party ein. Sie werden begeistert nach den Rezepten fragen und das Besondere daran erkennen.

TOFU-PIZZA

Rezept für 6 Portionen
(Teig und Belag ausreichend für ein Backblech oder zwei Springformen)

400 g Weizenvollkornmehl
1 Würfel frische Hefe
250 ml lauwarmes Wasser
30 g Butter oder Margarine
1 TL Honig
1–2 TL Salz
1 Prise Koriander
Mehl zum Ausrollen
Fett für das Blech
<u>Belag</u>
1,2 kg Tomaten
600 g Zwiebeln
4–5 EL Olivenöl
3–4 Knoblauchzehen
Salz, Pfeffer aus der Mühle
getrocknetes Oregano
getrockneter Majoran
600 g Kikkoman Tofu
4–5 EL Soja-Sauce
400 g Kohlrabi
300 g geriebener Gouda
Basilikumblättchen zum Garnieren

1. Mehl in eine Schüssel geben, in die Mitte eine Vertiefung drücken, Hefe hineinbröckeln und mit etwas lauwarmem Wasser zu einem Vorteig verrühren; diesen ca. 20 Minuten zugedeckt an einem warmen Ort gehenlassen.
2. Restliches lauwarmes Wasser mit der darin aufgelösten Butter oder Margarine, dem Honig und den Gewürzen zugeben und mit dem Vorteig zu einem glatten Teig verkneten. Nochmals an einem warmen Ort zugedeckt ca. 1 Stunde gehenlassen, bis er das doppelte Volumen erreicht hat.
3. Inzwischen den Belag vorbereiten. Tomaten mit kochendem Wasser überbrühen, häuten und in Scheiben schneiden. Zwiebeln schälen, in dünne Ringe schneiden.
4. Pizzateig auf einer bemehlten Fläche (entsprechend der Backform) ausrollen und auf ein gefettetes Backblech oder in eine Springform geben. Mit Olivenöl und durchgepreßtem Knoblauch bestreichen, mit Tomatenscheiben und Zwiebelringen belegen und würzen.
5. Tofu würfeln, mit der Soja-Sauce vermischen. Backofen auf 200 °C vorheizen.
6. Kohlrabi schälen, raspeln und zusammen mit dem Tofu auf der Pizza verteilen. Nochmals mit den Gewürzen bestreuen.
7. Zum Schluß den geriebenen Käse darüber streuen und die Pizza 40 Minuten backen. Mit Basilikum garniert servieren.

ARTISCHOCKEN MIT TOFU-DIP

4 Artischocken
Saft 1 Zitrone
4 l Wasser
Salz
<u>Dip</u>
200 g Tofu
100 g Mayonnaise
3 TL scharfer Senf
4 EL Weinessig
2 Knoblauchzehen
2 TL Sardellenpaste
1 Msp. Cayennepfeffer
3 EL Öl
2 EL Tomatenketchup
5 schwarze Oliven

1. Artischocken vorbereiten: Strunk abschneiden, Blätter stutzen, Spitzen abschneiden und das Heu entfernen. Sofort mit Zitronensaft beträufeln, damit sie sich nicht verfärben.
2. Artischocken im Salzwasser ca. 40 Minuten kochen. Mit der Schaumkelle herausheben.
3. Für den Dip Tofu in eine Schüssel geben und mit der Mayonnaise pürieren.
4. Mit dem Schneebesen Senf, Essig, die durchgepreßten Knoblauchzehen, Sardellenpaste und den Cayennepfeffer untermischen.
5. Das Öl und den Ketchup in die Sauce rühren und zuletzt die kleingehackten Oliven hineingeben.
6. Artischocken anrichten und den Tofu-Dip dazu servieren.

PAPRIKACREME MIT TOFU

160 g rote Paprikastreifen (aus dem Glas)
250 g Kikkoman Tofu
5 EL Sahne
1 kleine Zwiebel
1 TL Kikkoman Soja-Sauce
1 Prise Salz
1 Prise Zucker
schwarzer Pfeffer
½ TL Paprikapulver
¼ TL Currypulver
gehackte Petersilie

1. Paprikastreifen bis auf einen kleinen Rest mit dem Tofu pürieren und mit der Sahne verrühren.
2. Zwiebel abziehen und fein würfeln, zum Tofu geben. Creme mit den Gewürzen pikant abschmekken.
3. Die restlichen Paprikastreifen fein würfeln und mit der gehackten Petersilie auf der Sauce garnieren. Eignet sich mit einem Stück Baguette als kleine Zwischenmahlzeit. Oder als Dip zu frischen Gemüsen oder zum Tofu-Fondue (Seite 71).

GEFÜLLTES PARTYBROT

Teig
250 g Roggenmehl
250 g Weizenmehl
1 TL Kräutersalz
75 g Joghurt
75 g saure Sahne
1 Paket Trockenhefe
1 TL Zucker
1 EL Öl
Fett für das Backblech
Füllung
1 große Zucchini
1 rote Paprikaschote
2 EL Öl
300 g Tofu
50 g frische Kräuter (Salbei, Oregano, Estragon)
1–2 Knoblauchzehen
Salz, Pfeffer aus der Mühle

1. Zuerst einen Hefeteig zubereiten: Mehlsorten in einer Schüssel mischen und mit den übrigen Zutaten zu einem festen Teig verkneten. Teig zugedeckt an einem warmen Ort 30 Minuten gehen lassen, bis er sich verdoppelt hat.
2. Für die Füllung Zucchini in ca. 3 cm lange Stücke schneiden, mit einem Löffel aushöhlen.
3. Die Paprikaschote halbieren, entkernen und waschen.
4. Öl in der Pfanne erhitzen, Zucchini und Paprika darin andünsten.
5. Die gedünsteten Paprikastücke zusammenrollen und die Zucchiniringe damit füllen.
6. Tofu zerbröseln, Kräuter waschen und hacken, Knoblauch durchpressen und alles miteinander vermischen. Die Masse mit Salz und Pfeffer abschmecken.
7. Teig auf einer bemehlten Fläche zu einem Rechteck ausrollen.
8. Den Teig zuerst mit der Tofumasse bestreichen, dann die Zucchinistücke längs hintereinander legen.
9. Den Teig an den Seiten etwas einschlagen und zu einer Rolle formen. Den Backofen auf 200 °C vorheizen.
10. Das Brot auf ein gefettetes Blech legen und nochmals etwa 10 Minuten gehen lassen.
11. Im Backofen 45 Minuten auf der mittleren Schiene backen. Brot auf einem Gitter etwas abkühlen lassen und in nicht zu dünne Scheiben geschnitten servieren.

ORANGEN-TOFU-PARFAIT

300 g Tofu
½ l Orangensaft
160 g Honig
abgeriebene Schale 1 unbehandelten Orange
1 Vanilleschote
3 EL Grand Marnier

1. Tofu mit Orangensaft und Honig pürieren.
2. Mit Orangenschale, dem ausgeschabten Mark der Vanilleschote und Grand Marnier würzen.
3. Das Parfait im Gefrierfach 3–4 Stunden frosten lassen. Dann als Dessert servieren.

TOFU-GEMÜSE-SPIESSE

Rezept für 4–6 Portionen
Spieße
2 Paprikaschoten
20 kleine Schalotten
Salz
250 g Champignons
500 g Tofu
50 g Butter
3 kleine Maiskolben
2–3 EL Öl
Pfeffer aus der Mühle
Kräuter-Knoblauch-Sauce
3 EL gehackte Petersilie
3 EL gehacktes Basilikum
50 g Pinienkerne
5 Knoblauchzehen
5 EL Öl
50 g Joghurt
50 g Quark
50 g geriebener Parmesan
Salz, Pfeffer aus der Mühle

1. Für die Spießchen Paprikaschoten entkernen, Rippen entfernen und in etwa 3 cm große Quadrate schneiden.
2. Schalotten schälen und zusammen mit den Paprika 2 Minuten in Salzwasser blanchieren, abgießen und abtropfen lassen.
3. Champignons putzen, Tofu in Würfel schneiden.
4. Butter im Topf zerlassen. Maiskolben darin wenden und mit ca. ¼ l Wasser ablöschen. Die Maiskolben 10–15 Minuten darin dünsten. Kolben aus der Flüssigkeit nehmen und in Scheiben schneiden.
5. Olivenöl mit Salz und Pfeffer vermischen.
6. Die vorbereiteten Gemüse und die Tofuwürfel abwechselnd auf lange Holzspieße verteilen.
7. Die Spieße mit dem gewürzten Öl bestreichen und unter dem vorgeheizten Grill unter Wenden ca. 4–6 Minuten leicht bräunen.
8. Für die Sauce Kräuter, Pinienkerne und Knoblauch in den Mixer geben und pürieren. Tropfenweise das Öl hinzugeben. Zum Schluß Quark, Joghurt und Parmesan unterrühren. Sauce mit Salz und Pfeffer abschmecken und zu den Spießchen reichen.

TOFU-FONDUE

600 g Tofu
Mehl
2 Eier
Paniermehl
Öl zum Braten

1. Tofu in mundgerechte Würfel schneiden.
2. Die Würfel in Mehl wenden und anschließend in Ei und Paniermehl wälzen.
3. Die Tofuwürfel in reichlich Öl goldbraun braten. Dazu folgende Saucen servieren:

ORIENTALISCHE CURRYSAUCE

1 Zwiebel
1 Knoblauchzehe
Salz
30 g Butter
1 Apfel
½ Banane
1 TL Rosinen
1 TL Tomatenmark
20 g Mehl
½ l Gemüsebrühe
2 TL gehackte Mandeln
3 TL Curry

1. Zwiebeln schälen und fein würfeln. Knoblauchzehe schälen und mit Salz zerdrücken.
2. Butter in einem Topf zerlassen, Zwiebel und Knoblauch darin andünsten.
3. Apfel schälen und würfeln. Die Banane in Scheiben schneiden.
4. Obst und Rosinen zur Zwiebel geben und alles zusammen weichdünsten.
5. Tomatenmark zugeben, mit Mehl bestäuben und unter Umrühren bei milder Hitze durchschwitzen lassen.
6. Nach und nach mit Brühe aufgießen, ca. 20 Minuten sanft köcheln lassen.
7. Die Mandeln in einer trockenen Pfanne rösten. Mandeln in die Sauce geben und mit Curry und Salz pikant abschmecken.

UNGARISCHE PAPRIKASAUCE

8 Tomaten
4 rote Paprikaschoten
je 1 grüne und gelbe Paprika
50 g Butter
200 g geriebener Emmentaler
5 EL Tomatenmark
½ TL schwarzer Pfeffer
1 TL Paprikapulver
1 Prise getrockneter Majoran
½ TL Selleriesalz
5 EL Sahne
1 gestrichener TL Speisestärke

1. Tomaten überbrühen, häuten und vierteln.
2. Paprikaschoten aufschneiden. Kerne und Rippen sauber herauslösen und die Schoten fein hacken.
3. Butter im Topf erhitzen, Tomaten und Paprikawürfel (einige zum Garnieren zurückbehalten) darin andünsten, bis alles zu Mus gekocht ist.
4. Den geriebenen Käse in die Sauce geben und dann bei milder Hitze schmelzen lassen. Tomatenmark unter die Sauce rühren.
5. Die Gewürze und die Sahne unter die Sauce heben. Die Stärke über die Sauce streuen und unterrühren.
6. Nochmals pikant mit Paprikapulver abschmecken. Die Sauce mit den zurückbehaltenen Paprikawürfeln garniert servieren.

TOFU-KRÄUTER-CREME

250 g Kikkoman Tofu
5 EL Sahne
20 g TK-Kräuter
1 kleine Zwiebel
1 Prise Salz
weißer Pfeffer
1 Msp. Ingwerpulver
1 TL Kikkoman Soja-Sauce
etwas Zitronensaft

1. Tofu mit der Sahne pürieren.
2. Die Kräuter und feingewürfelte Zwiebel unterheben. Creme mit Salz, Pfeffer, Ingwer, Soja-Sauce und Zitronensaft abschmecken.

TOFU-HAMBURGER

300 g Tofu
Mehl
2 Eier
5 EL Sesam
Öl zum Braten
4 Tomaten
1 rote Paprikaschote
1 grüner Salat
4 Sesambrötchen
Mayonnaise oder Ketchup
150 g Sojasprossen
frische Kresse

1. Tofu in Scheiben schneiden, in etwas Mehl wenden und nacheinander in Eigelb und Sesam wälzen. Die Tofuscheiben in reichlich Öl ca. 10 Minuten auf beiden Seiten goldbraun braten.
2. Tomaten waschen und in Scheiben schneiden. Paprika waschen, den Samenstrang entfernen und in schmale Streifen schneiden. Salat putzen.
3. Die Sesambrötchen halbieren, jede Hälfte mit Mayonnaise oder Ketchup bestreichen, mit Salatblättern, Tomaten- und Tofuscheiben belegen und mit Sojasprossen, Paprikastreifen und Kresse dekorieren.

KARTOFFEL-TÖRTCHEN MIT TOFU-GEMÜSE-FÜLLUNG

Rezept für 4–6 Portionen
Törtchen
1 kg mehlig kochende Kartoffeln
3 Eigelb
¼ l kochende Milch
1 TL Salz
frisch geriebene Muskatnuß
3 Eiweiß
2 EL Tomatenmark
Fett für das Backblech
Füllung
300 g Tofu
Öl zum Braten
200 g Champignons
2 Möhren
Salz
2 Zwiebeln
150 g TK-Erbsen
200 g Spargel (aus der Dose)
30 g Butter
40 g Mehl
½ l Hühner- oder Gemüsebrühe
Pfeffer aus der Mühle
Knoblauchpulver
getrockneter Thymian

1. Für die Törtchen die Kartoffeln waschen und in Wasser in ca. 25 Minuten garen, abgießen, schälen und noch heiß durchpressen. Püree mit Eigelb und Milch aufschlagen und mit Salz und Muskat abschmecken.
2. Eiweiß steifschlagen und gleichmäßig unter das Püree heben. Tomatenmark unterziehen. Backofen auf 180 °C vorheizen.
3. Kartoffelpüree in einen Spritzbeutel mit großer Tülle füllen und 4 Törtchen auf das gefettete Backblech spritzen. Zunächst einen Kreis spritzen und darauf dicht nebeneinander kleine Röschen an den Kreisrand setzen.
4. Die Törtchen ca. 20 Minuten zartgelb backen.
5. Währenddessen die Füllung zubereiten. Tofu in Würfel schneiden und in reichlich Öl braten.
6. Champignons putzen. Möhren schälen und beides in Scheiben schneiden. Möhren ca. 20 Minuten in Salzwasser dünsten, danach abgießen.
7. Zwiebeln schälen und fein würfeln. Erbsen auftauen. Spargel abtropfen lassen.
8. Die Butter im Topf zerlassen und die Zwiebeln darin andünsten. Mehl hinzugeben und mit der Butter gut verrühren.
9. Mit der Brühe unter ständigem Rühren ablöschen, um Klümpchenbildung zu vermeiden. Die Sauce aufkochen lassen.
10. Alle Gemüse, Pilze und Tofu unter die Sauce geben. Mit Salz, Pfeffer, Knoblauchpulver und Thymian abschmecken.
11. Die Tofu-Gemüse-Mischung in die gebackenen Törtchen füllen und servieren.

TOFU-GEMÜSE-LASAGNE

1 Packung Lasagneplatten
Fett für die Form
100 g geriebener Parmesan
<u>Gemüsesauce</u>
300 g Tofu
2 Zwiebeln
1 Paprikaschote
1 Stange Lauch
4 Stangen Bleichsellerie
200 g Brokkoli
1 EL Öl
1 Dose Tomaten (400 g)
1 Knoblauchzehe
Salz, Pfeffer aus der Mühle
Oregano
<u>Béchamelsauce</u>
30 g Butter
30 g Mehl
¼ l Milch
Salz, Pfeffer aus der Mühle
frisch geriebene Muskatnuß

1. Für die Gemüsesauce Tofu mit der Gabel zerdrücken. Zwiebeln schälen, würfeln. Paprikaschote entkernen, in Streifen schneiden. Lauch und Sellerie putzen, waschen, in Ringe schneiden. Brokkoli in Röschen zerteilen, waschen.
2. Öl im Topf erhitzen, Tofu und Zwiebeln darin andünsten. Das vorbereitete Gemüse, die Tomaten mit Flüssigkeit und die durchgepreßte Knoblauchzehe hinzugeben, alles bißfest garen.
3. Die Sauce mit Salz, Pfeffer und Oregano abschmecken.
4. Für die Béchamel die Butter im Topf zerlassen, das Mehl hinzugeben und andünsten.
5. Den entstandenen Mehl-Butter-Kloß mit der Milch unter kräftigem Rühren ablöschen und unter Weiterrühren 5 Minuten köcheln lassen.
6. Die Sauce mit Salz, Pfeffer und Muskat kräftig abschmecken.
7. Die Lasagneplatten in reichlich Salzwasser nach Packungsvorschrift garen und abtropfen lassen. Backofen auf 200 °C vorheizen.
8. Eine Lage Lasagne in eine gefettete Auflaufform schichten, darüber 2 Eßlöffel Gemüsesauce und Béchamel, dann wieder einige Blatt Lasagne usw., bis die Form gefüllt ist. Den Abschluß bildet Béchamel. Diese mit Parmesan bestreuen.
9. Die Lasagne im Backofen ca. 30 Minuten überbacken.

TOFU-GEMÜSE-FLADEN

2 Stangen Lauch
Salz
500 g Möhren
40 g Butter
100 ml Wasser oder Gemüsebrühe
1 EL flüssiger Honig
Pfeffer aus der Mühle
300 g Tofu
3 Scheiben Pumpernikel
2 Eier
Pfeffer aus der Mühle
2 EL gehackte Petersilie
Öl zum Braten

1. Lauch putzen, in Ringe schneiden, waschen und in Salzwasser 5–8 Minuten blanchieren, dann abgießen.
2. Möhren putzen, schälen, in Streifen schneiden und in der zerlassenen Butter andünsten. Wasser oder Brühe aufgießen und die Möhren ca. 15 Minuten garen. Gemüse mit Honig, Salz und Pfeffer abschmecken.
3. Während die Möhren garen, Tofu und Pumpernikel zerbröseln. Verquirlte Eier untermischen und mit Salz und Pfeffer würzen. Petersilie unterheben.
4. Öl in einer großen Pfanne erhitzen, Tofu-Brot-Mischung darin verteilen und in ca. 10 Minuten einen flachen Fladen backen, nach 5 Minuten wenden.
5. Tofu-Fladen auf einen vorgewärmten Teller gleiten lassen und mit dem heißen Möhrengemüse und den Lauchringen belegen. Dann in vier Portionen teilen.

TOFU-PFEFFER-SCHNITZEL

400 g Tofu
2 EL Öl
2 EL Essig
2 Knoblauchzehen
Salz, Pfeffer aus der Mühle
Tabasco
1 Paprikaschote
3 Fleischtomaten
2 Zwiebeln
2 EL Olivenöl
2 Chilischoten
je 3 Pfeffer- und Senfkörner
⅛ l Gemüsebrühe
3 EL Paprikamark
3 EL Tomatenmark
4 EL Paniermehl
1 Ei
Öl zum Anbraten

1. Tofu in Scheiben schneiden.
2. Aus Öl, Essig, durchgepreßtem Knoblauch, Salz, Pfeffer und Tabasco eine Marinade bereiten und den Tofu darin ½–1 Stunde marinieren.
3. Paprika halbieren, den Samenstrang entfernen und die Paprika in Würfel schneiden. Tomaten waschen, den Blütenansatz entfernen und würfeln. Zwiebeln schälen und würfeln.
4. Öl im Topf erhitzen, entkernte Chilis, Pfeffer- und Senfkörner und Zwiebeln darin andünsten.
5. Tomaten und Paprika hinzufügen und kurz mitdünsten. Mit Brühe ablöschen.
6. Paprika und Tomatenmark zufügen, Sauce einkochen lassen.
7. Die Tofuschnitzel abtropfen lassen, in Ei und anschließend in Paniermehl wälzen und in reichlich Fett auf beiden Seiten braten.
8. Tofu-Schnitzel auf Teller verteilen und mit der Gemüsesauce servieren. Dazu paßt Risotto.

TIP Die Marinade können Sie auch für die Gemüsesauce verwenden.

TOFU-MOHN-AUFLAUF MIT MAKRONEN-HAUBE

100 g Rosinen
3 EL Birnengeist
150 g gemahlener Mohn
0,2 l Milch
220 g brauner Zucker
Saft und abgeriebene Schale
1 unbehandelten Zitrone
⅛ l Weißwein
½ Zimtstange
5 Birnen
300 g Tofu
Butter für die Form
2 Eiweiß, Salz
50 g gemahlene Haselnußkerne
2 EL Vollkornmehl

1. Rosinen waschen, ca. 10 Minuten im Birnengeist marinieren.
2. Den Mohn mit der Milch und 100 g braunem Zucker aufkochen.
3. Rosinen, Zitronensaft und -schale zu der Mohnmasse geben. Etwa 10 Minuten kochen lassen.
4. Weißwein mit 4 Eßlöffel braunem Zucker, Zimtstange und ⅛ l Wasser aufkochen.
5. Birnen schälen, Kerngehäuse entfernen, in Spalten schneiden. Birnen im vorbereiteten Weinsud 3 Minuten pochieren.
6. Tofu mit einigen Eßlöffeln des Weinsudes pürieren.
7. Birnen abtropfen lassen. Auflaufform mit wenig Butter auspinseln und mit den Birnenspalten auslegen. Erst Tofu-, dann die Mohnmasse darauf verteilen. Backofen auf 200 °C vorheizen.
8. Eiweiß mit einer Prise Salz steifschlagen, unter ständigem Weiterschlagen nach und nach 4 Eßlöffel braunen Zucker zugeben. Gemahlene Haselnüsse und Vollkornmehl unterheben.
9. Die Masse auf der Mohnschicht verteilen. Auflauf auf der mittleren Schiene 20 Minuten überbacken, bis die Makronenhaube leicht gebräunt ist. Sofort als Dessert servieren.

ANANAS-TOFU-FLIP

Rezept für 2 Portionen
150 g Ananas (aus der Dose)
¼ l Ananassaft
150 g Kikkoman Tofu
3 EL Traubenzucker
2 EL Zitronensaft
6 EL Sherry
Zitronenmelisse und Cocktailkirschen

1. Ananas mit Ananassaft und Tofu im Mixer pürieren.
2. Traubenzucker, Zitronensaft und Sherry dazugeben. Nochmal aufmixen.
3. Flip in Gläser füllen und gut durchkühlen lassen.
4. Vor dem Servieren mit Melisseblättchen und Kirschen garnieren.

TOFU-GEMÜSE-DRINK

Rezept für 3 Portionen
100 g Tofu
½ l Gemüsesaft
1 TL Senf
Salz, Pfeffer aus der Mühle
Tobasco
3 EL gehackte Kräuter (Petersilie, Dill, Schnittlauch)

1. Tofu mit Gemüsesaft und Senf im Mixer pürieren und mit Salz, Pfeffer und Tabasco pikant abschmecken.
2. Den Tofu-Gemüse-Drink gut gekühlt in Gläser füllen und mit gehackten Kräutern bestreut servieren.

TOFU-FRUCHT-SHAKE

Rezept für 2 Portionen
150 g Tofu
3 Bananen
einige Eiswürfel
1 EL Honig
⅛ l Orangensaft
Zimt

1. Tofu, in Stücke geschnittene Bananen, Eiswürfel, Honig und Orangensaft in einen Mixer geben. Alles zusammen pürieren.
2. Shake mit Zimt abschmecken und auf Gläser verteilen. Sofort servieren.

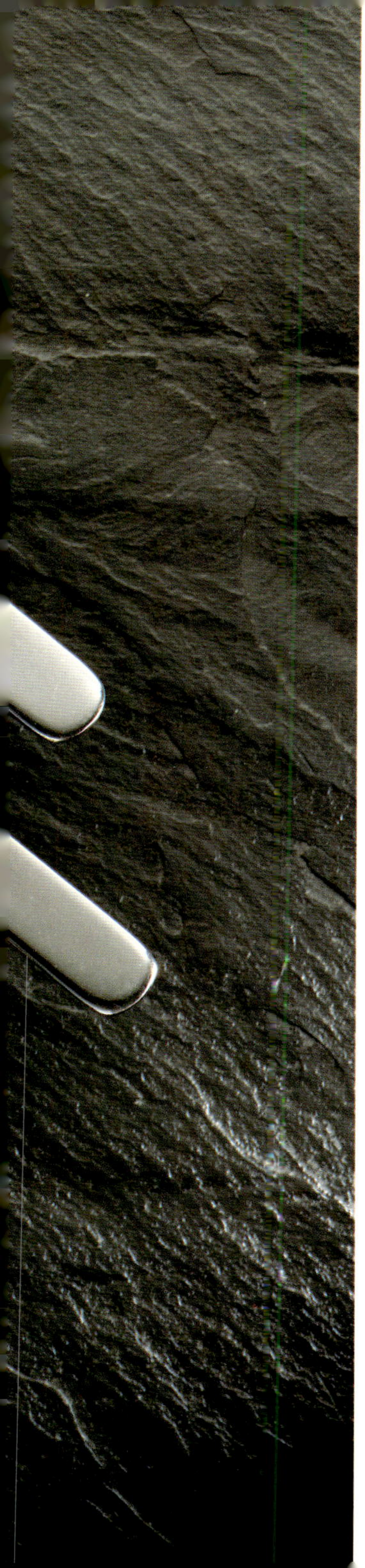

TOFU – GUT FÜR DIE SCHLANKE LINIE

Dank seines niedrigen Kaloriengehalts und der Tatsache, daß Tofu extrem cholesterinarm ist, eignet er sich hervorragend für eine Diät. Frisches Gemüse und Obst sind hierbei die idealen Begleiter. Die Diät dieses Buches ist auf sieben Tage angelegt.

Die Zutaten sind in ihrer Zusammenstellung sehr ausgewogen, denn trotz der Beschränkung auf durchschnittlich 1000 Kalorien am Tag enthält die Diät genügend Nährstoffe, Vitamine, Eiweiß und Mineralstoffe.

Es ist die erste rein vegetarische Diät, die auch ohne jede Zugabe von Eiern, Milchprodukten oder Süßstoffen hervorragend schmeckt. Eine voll-vegetarische Diät, die nicht nur gut für die schlanke Linie ist, sondern auch für eine gute Entschlackung sorgt. Sie ist schonend für Herz- und Kreislauf, und auch Gicht- und Rheumapatienten können bedenkenlos zugreifen. Und trotz aller Gesundheit ist es eine Diät, die Spaß macht und schmeckt.

FRÜHSTÜCK

PIKANTER TOFU-QUARK

50 g Kikkoman Tofu
1 TL Schnittlauchröllchen
1 TL gehackte Petersilie
1 EL gewürfelte Zwiebel
Salz, Pfeffer aus der Mühle
etwas Currypulver
1 Tomate (ca. 60 g)

1. Tofu mit der Gabel grob zerdrücken und mit den Kräutern und Zwiebelwürfeln vermischen. Pikant abschmecken.
2. Tomate waschen und in dünne Scheiben schneiden, auf einem Teller auslegen und den Tofu-Quark darauf anrichten.

Sie können die Tomate auch würfeln und unter den Tofu mischen.
75 kcal/315 kJ
Dazu:
1 Scheibe Vollkornbrot
2 TL Honig
1 dünne Scheibe Knäckebrot
Kaffee oder Tee (ohne Milch und Zucker)
Insgesamt: 285 kcal/1195 kJ

1. ZWISCHENMAHLZEIT
1 Apfel (ca. 100 g)
70 kcal/293 kJ

MITTAGESSEN

TOFU-RISOTTO AUF SPINATBETT

Risotto
1 TL Öl
1 kleine Zwiebel
50 g Champignon
50 g Reis
100 g Tofu
⅛ l Gemüsebrühe
Spinatbett
200 g Spinatblätter
1 TL Öl
1 EL Zwiebelwürfel
Salz, Pfeffer aus der Mühle
1 Knoblauchzehe
50 ml Wasser

1. Öl in eine Pfanne geben, erhitzen und die gehackte Zwiebel darin hellgelb dünsten.
2. Champignons putzen und blättrig schneiden, zugeben und kurz andünsten.
3. Reis und gewürfelten Tofu zufügen, kurz anschmoren und Gemüsebrühe angießen, bei geringer Hitze 18 Minuten quellen lassen.
4. Spinat verlesen und waschen. Öl erhitzen und die Zwiebelwürfel darin andünsten, Spinat zugeben, mit Salz, Pfeffer und durchgepreßtem Knoblauch würzen. Wasser angießen und den Spinat 8–10 Minuten garen.
5. Spinat auf einen Teller geben und den Reis darauf anrichten.

432 kcal/1808 kJ

2. ZWISCHENMAHLZEIT
125 g Apfelmus ohne Zucker
80 kcal/335 kJ

ABENDESSEN

ROHKOST MIT TOFU-DRESSING

1 Tomate (ca. 60 g)
100 g gelbe oder grüne Paprikaschote
100 g Gurke
1 kleine Zwiebel
50 g Tofu
Schnittlauchröllchen
Salz, Pfeffer aus der Mühle
1 EL Obstessig

1. Tomate, Paprikaschote und Gurke waschen, Zwiebel schälen. Tomate und Paprika würfeln, Gurke in dünne Scheiben schneiden und die Zwiebel in Ringe.
2. Tofu cremig rühren oder pürieren, mit Schnittlauch, Salz, Pfeffer und Essig abschmecken. Das Gemüse locker mit der Tofu-Creme mischen.

95 kcal/400 kJ
Dazu:
1 Scheibe Knäckebrot
1 Messerspitze Halbfettmargarine
Insgesamt: 285 kcal/1195 kJ

FRÜHSTÜCK

BANANEN-SCHOKO-MÜSLI

60 g Banane
20 g Hirseflocken
1 TL ungeschälter Sesam
75 g Tofu
1 TL Kakaopulver
100 ml Obstsaft
1 TL Honig

1. Banane abziehen, in Scheiben schneiden und mit Hirseflocken, Sesam und zerdrücktem Tofu vermischen.
2. Kakaopulver mit Orangensaft und Honig verrühren und über das Müsli geben.

302 kcal/1264 kJ
Dazu:
Kaffee oder Tee (ohne Milch und Zucker)

1. ZWISCHENMAHLZEIT
1 Möhre (ca. 100 g)
250 ml ungesüßter Grapefruitsaft
132 kcal/553 kJ

MITTAGESSEN

GEFÜLLTE PAPRIKASCHOTE

1 grüne Paprika (geputzt ca. 150 g)
50 g Kikkoman Tofu
1 EL Zwiebelwürfel
Schnittlauchröllchen
1 Knoblauchzehe
Salz, Pfeffer aus der Mühle
Sauce
½ Zwiebel
50 g Lauch
1 Tomate (ca. 80 g)
1 TL Öl
⅛ l Gemüsebrühe
30 g Grünkernschrot
1 EL Tomatenmark
Salz, Pfeffer aus der Mühle
Kräuter der Provence

1. Von der Paprikaschote einen Deckel abschneiden, Samenstränge entfernen und die Schote waschen.
2. Tofu zerdrücken, mit Zwiebel, Schnittlauch und durchgepreßter Knoblauchzehe vermischen. Mit Salz und Pfeffer würzen.
3. Tofumischung in die Schote füllen und den Deckel aufsetzen.
4. Für die Sauce Zwiebel abziehen und würfeln. Lauch putzen, waschen, in Ringe schneiden. Tomate häuten und hacken.
5. Öl in einem kleinen Topf erhitzen, Zwiebelwürfel und Lauchringe darin andünsten. Tomate zugeben und kurz schmoren.
6. Mit Brühe ablöschen, Grünkernschrot einstreuen, Tomatenmark unterrühren und die Sauce unter Rühren gut durchkochen, dann würzen.
7. Die Paprikaschote in die Sauce setzen, den Topf zudecken und alles ca. 20 Minuten garen.

271 kcal/1134 kJ

2. ZWISCHENMAHLZEIT
1 Pfirsich (ca. 125 g)
60 kcal/251 kJ

ABENDESSEN

BROKKOLI-SUPPE

50 g Brokkoliröschen
50 g Blumenkohlröschen
⅛ l Gemüsebrühe
1 TL Öl
½ kleine Zwiebel
100 g Tofu
Salz, Pfeffer aus der Mühle
frisch geriebene Muskatnuß

1. Gemüse putzen, waschen. In der Gemüsebrühe ca. 15 Minuten garen, dann pürieren.
2. Öl erhitzen, abgezogene, gehackte Zwiebel darin glasig dünsten. Gewürfelten Tofu zugeben und anbraten.
3. Gemüsesuppe angießen, mit Salz, Pfeffer und Muskat abschmecken und einmal aufkochen.

228 kcal/954 kJ

FRÜHSTÜCK

TOFU-CREME

50 g Tofu
1 TL Öl
1 EL Zwiebelwürfel
Salz
Pfeffer aus der Mühle
Zitronensaft
1 Scheibe Vollkornbrot
Zum Belegen des Brotes
1–2 Radieschen
1 Tomate (ca. 60 g)
Schnittlauchröllchen

1. Tofu mit Öl und Zwiebelwürfeln pürieren, mit Salz, Pfeffer und Zitronensaft würzen.
2. Radieschen und Tomate waschen und in Scheiben schneiden.
3. Das Brot mit der Tofu-Creme bestreichen und mit Radieschen- und Tomatenscheiben belegen. Mit Schnittlauch bestreuen.
181 kcal/730 kJ

1. ZWISCHENMAHLZEIT

ERDBEERSPEISE

100 g Erdbeeren
50 g Kikkoman Tofu
Süßstoff nach Geschmack

1. Die Erdbeeren putzen, waschen und klein schneiden.
2. Tofu mit einem Teil der Erdbeeren pürieren und die Creme mit Süßstoff abschmecken. Dann die restlichen Erdbeeren unterheben.
95 kcal/398 kJ

MITTAGESSEN

GEMÜSE-TOFU-PFANNE

50 g Naturreis
Salz
1 EL gehackte Petersilie
1 Möhre (ca. 75 g)
1 Stange Lauch (ca. 100 g)
½ Paprikaschote (ca. 50 g)
1 TL Öl
1 EL Zwiebelwürfel
70 g Tofu
1 EL gemischte gehackte Kräuter

1. Reis in reichlich Salzwasser in ca. 35–40 Minuten körnig kochen. Dann abgießen, abtropfen lassen und mit Petersilie vermischen.
2. Die Gemüse putzen und waschen. Möhre und Lauch in Scheiben bzw. Ringe schneiden, die Paprikaschote würfeln.
3. Öl erhitzen, die Zwiebelwürfel darin anschwitzen. Tofu würfeln und zufügen. Unter Wenden anbraten, dann Gemüse unterrühren und alles ca. 10 Minuten schmoren, dabei ein paarmal umrühren. Gemüse und Kräuter mischen, zum Reis servieren.
308 kcal/1252 kJ

2. ZWISCHENMAHLZEIT

TOMATENDRINK

¼ l Tomatensaft
½ geriebene Zwiebel
2 EL Weizenkleie (ca. 30 g)
1 EL Kikkoman Soja-Sauce

Alle Zutaten vermischen.
108 kcal/452 kJ

ABENDESSEN

SALAT MIT TOFU UND KEIMEN

1–2 Radieschen
½ Gurke (ca. 100 g)
75 g Kikkoman Tofu
1 TL Pflanzenöl
1 EL Zitronensaft
2 EL Kikkoman Soja-Sauce
2 EL Hirseflocken
1 EL Weizenkeime
45 g Sojasprossen
1 EL Schnittlauchröllchen

1. Radieschen und Gurke waschen und in feine Scheiben schneiden.
2. Tofu mit einer Gabel zerdrükken, mit Öl, Zitronensaft und Soja-Sauce verrühren.
3. Radieschen- und Gurkenscheiben locker unterheben.
4. Mit Hirseflocken, Sprossen und Schnittlauchröllchen bestreuen.
231 kcal/967 kJ

FRÜHSTÜCK

TOFU MIT FRISCHEN BEEREN

100 g Beeren (nach Saison)
50 g Tofu
1 Messerspitze Honig

1. Beeren verlesen, putzen und waschen.
2. Tofu mit Honig und eventuell etwas Flüssigkeit (z. B. Grapefruitsaft) pürieren. Dann die Beeren locker unterheben.
105 kcal / 442 kJ
Dazu:
1 Scheibe gerösteter Vollkorntoast (ca. 30 g)
150 ml ungesüßter Grapefruitsaft
Kaffee oder Tee (ohne Milch und Zucker)
Insgesamt: 325 kcal / 1360 kJ

1. ZWISCHENMAHLZEIT

RADIESCHEN-ROHKOST

50 g Kikkoman Tofu
1 TL Öl
1 TL Obstessig
Salz, Pfeffer aus der Mühle
1 kleiner Bund Radieschen
1 EL Schnittlauchröllchen

1. Tofu würfeln und in Öl, Essig, Salz und Pfeffer marinieren.
2. Radieschen putzen, waschen und in Spalten schneiden, mit dem Tofu vermischen. Rohkost nochmals abschmecken und mit Schnittlauch bestreuen.

MITTAGESSEN

FOLIEN-KARTOFFEL MIT TOFU-TZATZIKI

1 große mehligkochende Kartoffel (ca. 200 g)
2 TL Kümmel
50 g Tofu
1 TL Öl
1 EL Zwiebelwürfel
¼ Gurke
1–2 Knoblauchzehen
Salz
2 EL frische gehackte Kräuter

1. Kartoffel waschen und in Kümmelwasser ca. 15 Minuten vorgaren. In Alufolie wickeln und im vorgeheizten Backofen bei 200 °C in etwa 25 Minuten fertiggaren.
2. Inzwischen Tofu mit Öl pürieren und mit den Zwiebelwürfeln vermischen.
3. Gurke schälen und fein raspeln, Knoblauch durchpressen. Beides unter den Tofu mischen und das Tzatziki mit Salz und Kräutern abschmecken.
4. Die gebackene Kartoffel in der geöffneten Folie anrichten und das Tzatziki darauf häufen.
306 kcal / 448 kJ

2. ZWISCHENMAHLZEIT
2 kleine Pfirsiche
109 kcal / 456 kJ

ABENDESSEN

ROHES GEMÜSE MIT TOFU-DIP

200 g frisches Gemüse nach Wahl: z. B. Gurke, Frühlingszwiebel, Möhre, Paprikaschote
½ Scheibe Vollkorntoast
Dip
100 g Tofu
1 TL Öl
½ gewürfelte Zwiebel
1 Knoblauchzehe
Salz, Pfeffer aus der Mühle
1 EL gemischte gehackte Kräuter

1. Die Gemüse putzen, waschen und in mundgerechte Stücke oder Streifen schneiden.
2. Für den Dip Tofu mit Öl, Zwiebelwürfeln und durchgepreßtem Knoblauch pürieren. Mit Salz und Pfeffer abschmecken und die Kräuter unterziehen.
3. Gemüse und Tofu-Dip auf einem Teller anrichten. Das Toastbrot rösten und dazu servieren.
232 kcal / 971 kJ

FRÜHSTÜCK

MORGEN-ROHKOST

125 g Mandarinen (aus der Dose)
1 Möhre (ca. 50 g)
1 Stück Gurke (ca. 50 g)
75 g Tofu
1 EL gemischte gehackte Kräuter
einige schöne Salatblätter

1. Mandarinen abtropfen lassen. Möhre putzen und schälen, Gurke waschen und beides in hauchdünne Scheiben schneiden.
2. Den gewürfelten Tofu mit einer Gabel zerdrücken, dann die Gemüsescheiben, Mandarinen und einen Teil der Kräuter unterziehen.
3. Die gewaschenen Salatblätter auf einem Teller auslegen, die Tofu-Gemüse-Mischung darauf anrichten und mit den restlichen Kräutern bestreuen.
155 kcal/649 kJ
Dazu:
1 Scheibe Vollkorntoast
1 gestrichener TL Marmelade nach Wahl
Kaffee oder Tee (ohne Milch und Zucker)
Insgesamt: 315 kcal/1319 kJ

1. ZWISCHENMAHLZEIT
1 Banane (ca. 100 g)
91 kcal/381 kJ

MITTAGESSEN

GEMÜSECURRY MIT GEKOCHTEM WEIZEN

50 g Weizen (über Nacht eingeweicht)
⅛ l Gemüsebrühe
ca. 200 g gemischtes Gemüse: z. B. Erbsen, grüne Bohnen, Paprikaschote, Möhre, Blumenkohl und Spinatblätter
1 Tomate (ca. 60 g)
1 Knoblauchzehe
1 EL Zwiebelwürfel
1 TL Öl
Salz
etwas Currypulver
1 Prise gemahlener Ingwer
1 Msp. Kreuzkümmel
75 g Tofu

1. Weizen abgießen und in der Gemüsebrühe ca. 1 Stunde kochen; dabei die Flüssigkeit kontrollieren und eventuell etwas Brühe nachgießen. Dann zugedeckt neben der Herdplatte ausquellen lassen.
2. Inzwischen alle Gemüsesorten putzen, waschen und entsprechend zerkleinern.
3. Das Öl in einer beschichteten Pfanne erhitzen, durchgepreßten Knoblauch und die Zwiebelwürfel darin andünsten. Die Gemüse zufügen, mit den Gewürzen bestreuen und unter Umrühren anschmoren lassen. Etwas Wasser aufgießen, Pfanne zudecken und das Gemüsecurry etwa 6–8 Minuten garen.
4. Tofu würfeln, in die Pfanne geben und alles weitere 2 Minuten schmoren.
5. Das Curry abschmecken und auf dem Weizen anrichten.
304 kcal/1273 kJ

2. ZWISCHENMAHLZEIT
½ Banane (50 g)
1 Mandarine oder kleine Orange
82 kcal/343 kJ

ABENDESSEN

KLARE SUPPE MIT GEMÜSE UND TOFU

125 g TK-Suppengemüse
¼ l Gemüsebrühe
1 Knoblauchzehe
70 g Tofu
Salz, Pfeffer aus der Mühle

1. Gemüse kurz antauen lassen. Brühe aufkochen, das Gemüse zufügen und den Knoblauch hineinpressen. Suppe ca. 8–10 Minuten kochen lassen. Das Gemüse soll noch bißfest sein.
2. Tofu würfeln, in die Suppe geben und einige Minuten darin erhitzen. Mit Salz und Pfeffer abschmecken.
85 kcal/350 kJ

FRÜHSTÜCK

TOFU-PFLAUMEN-PÜREE

2 EL Pflaumenkompott mit etwas Saft (aus der Dose)
100 g Tofu
1–2 EL Zitronensaft

Alle Zutaten im Mixer pürieren.
176 kcal / 736 kJ
Dazu:
1 Scheibe Vollkorntoast
Kaffee oder Tee (ohne Milch und Zucker)
Insgesamt: 266 kcal / 1 113 kJ

1. ZWISCHENMAHLZEIT

ROHKOSTSALAT

1 kleiner Apfel (ca. 50 g)
1 kleine Möhre (ca. 50 g)
¼ Weißkohl (ca. 50 g)
Marinade
1 TL Öl
1 EL Zitronensaft
Salz
Pfeffer aus der Mühle
Currypulver

1. Gewaschenen Apfel und geschrubbte Möhre raspeln. Weißkohl putzen und in feine Streifen schneiden.
2. Für die Marinade alle Zutaten verrühren.
3. Marinade mit der Rohkost vermischen und abschmecken.

92 kcal / 385 kJ

MITTAGESSEN

KARTOFFEL-LAUCH-EINTOPF MIT TOFU-WEIN-SAUCE

1 Stange Lauch (ca. 100 g)
2 Kartoffeln (ca. 150 g)
1 kleine Zwiebel
1 TL Öl
Salz, Pfeffer aus der Mühle
frisch geriebene Muskatnuß
100 ml Gemüsebrühe
50 ml Weißwein
100 g Tofu
1 EL gehackte Petersilie

1. Lauch putzen, gründlich waschen und in Ringe schneiden. Die Kartoffeln schälen, waschen und in dünne Scheiben schneiden. Abgezogene Zwiebel in feine Ringe schneiden.
2. Öl in einem Topf erhitzen, die Zwiebelringe darin glasig werden lassen, dann die vorbereitenen Gemüse zugeben, kurz andünsten und würzen. Gemüsebrühe und Wein aufgießen und alles ca. 8 Minuten garen.
3. Gewürfelten Tofu pürieren, unter das Gemüse mischen und alles noch einige Minuten dünsten.
4. Den Eintopf nochmals abschmecken und mit Petersilie bestreut anrichten.

421 kcal / 1 762 kJ

2. ZWISCHENMAHLZEIT
1 kleine Birne
80 kcal / 335 kJ

ABENDESSEN

SANDWICH MIT KRÄUTER-TOFU

75 g Tofu
1 EL gemischte gehackte Kräuter
Salz, Pfeffer aus der Mühle
1 TL Soja-Sauce
1 Scheibe Vollkorntoast
1 kleine Tomate (ca. 60 g)
75 g Spargelspitzen (aus dem Glas)

1. Tofu pürieren, mit Kräutern, Salz, Pfeffer und Soja-Sauce abschmecken.
2. Brot toasten und mit der Tofu-Creme bestreichen. Die Tomate in Scheiben schneiden und das Brot damit belegen. Mit den abgetropften Spargelspitzen garnieren.

172 kcal / 720 kJ

FRÜHSTÜCK

TOFU-LIPTAUER MIT VOLLKORN-BROT

100 g Kikkoman Tofu
½ kleine Zwiebel
½ Frühstücksportion Butter (10 g)
Salz, Pfeffer aus der Mühle
1 TL Paprikapulver
½ TL Kümmel
1 Scheibe Vollkornbrot (45 g)
½ grüne Paprikaschote

1. Tofu mit einer Gabel zerdrükken und mit der fein gewürfelten Zwiebel und Butter vermengen. Die Mischung mit den Gewürzen pikant abschmecken.
2. Liptauer auf das Vollkornbrot streichen und die geputzte, in Streifen geschnittene Paprikaschote darauf verteilen.

288 kcal/1206 kJ

Dazu:
Kaffee oder Tee (ohne Milch und Zucker)

1. ZWISCHENMAHLZEIT
1 Apfel (ca. 150 g)
75 kcal/314 kJ

MITTAGESSEN

TOFU MIT CHAMPIGNONS AUF REIS

50 g Naturreis
¼ l Gemüsebrühe
100 g Tofu
100 g Champignons
1 kleine Zwiebel (ca. 50 g)
1 TL Öl
Salz, Pfeffer aus der Mühle

1. Reis in ⅛ l kochende Gemüsebrühe geben, in ca. 35–40 Minuten garen und ausquellen lassen.
2. Tofu würfeln, die geputzten Champignons blättrig schneiden. Zwiebel schälen und würfeln.
3. Öl in einer Pfanne erhitzen, Zwiebelwürfel, Pilze und Tofu darin anbraten, die restliche ⅛ l Brühe aufgießen und alles ca. 5 Minuten weitergaren. Mit Salz und Pfeffer abschmecken.
4. Den Reis auf einen Teller geben und die Tofu-Pilz-Mischung darauf verteilen.

325 kcal/1360 kJ

2. ZWISCHENMAHLZEIT
1 mittelgroße Banane (ca. 100 g)
101 kcal/422 kJ

ABENDESSEN

GRIECHISCHER BAUERNSALAT

½ Gurke (ca. 200 g)
2 Tomaten (ca. 150 g)
½ kleine Zwiebel
100 Tofu
einige Oliven
Marinade
1 TL Olivenöl
1 EL Essig
Salz, Pfeffer aus der Mühle
1 Knoblauchzehe
1 Prise Oregano

1. Gurke schälen und in Scheiben schneiden, Tomaten waschen und vierteln. Zwiebel schälen und in dünne Ringe teilen, Tofu würfeln. Alle Zutaten auf einem Teller bunt vermischt anrichten und die Oliven darauf verteilen.
2. Für die Marinade Öl mit Essig, Salz und Pfeffer verrühren, die Knoblauchzehe dazupressen und mit Oregano würzen.
3. Marinade gleichmäßig über dem Salat verteilen.

196 kcal/820 kJ

REGISTER